BARBARA GISSER

ARRENDERSI? QUESTO MAI!

Storia vera di
BARBARA GISSER

Illustrazioni di
Marita Picco

Youcanprint *Self-Publishing*

Titolo | Arrendersi? Questo mai!
Autore | Barbara Gisser

ISBN | 978-88-92667-39-6

Youcanprint Self-Publishing
Via Roma, 73 - 73039 Tricase (LE) - Italy
www.youcanprint.it
info@youcanprint.it
Facebook: facebook.com/youcanprint.it
Twitter: twitter.com/youcanprintit

ARRENDERSI?
QUESTO MAI!

*A tutti coloro che mi sono stati vicini
e a chi sta combattendo
una battaglia simile alla mia*

Prefazione

Pronunciare le parole "tumore" o "cancro" ancora spaventa, meglio un generico "patologia grave", evitando di sembrare drammatici e creare imbarazzo negli interlocutori.

Ma al di là del termine utilizzato per definire la malattia, quando questa fa capolino nella vita di una persona è inevitabile che la sconvolga.

E come in altri casi, quando l'esistenza presenta situazioni ed eventi che non avremmo mai immaginato di dover affrontare, sta a noi trovare il coraggio e lo spirito giusto per andare avanti, superando le difficoltà e i momenti di sconforto.

L'autrice, Barbara Gisser, non avrebbe potuto trovare titolo più azzeccato per il libro in cui racconta i sei anni successivi alla scoperta del tumore alla gola. Operazione dopo operazione, il coraggio, la fiducia nel personale medico, il desiderio di riacquisire pienamente la forma fisica e psicologica, le hanno permesso di mettere in gioco tutta se stessa e non arrendersi mai.

Nonostante il tema sia uno dei più delicati da affrontare, il lettore non si aspetti pagine colme di angoscia, nelle quali l'ospedale è paragonato a un carcere e la malattia a una punizione del destino. L'autrice narra la sua esperienza, con una buona dose di autoironia e positività, pur non tralasciando la descrizione degli aspetti più critici. Un testo liberatorio, dedicato a chi continua a lottare contro la malattia, nella certezza che pur non esistendo un modo giusto o sbagliato di affrontare il dolore, conoscere i percorsi di chi ha vissuto esperienze simili possa essere una fonte di speranza ed energia.

Introduzione

La mia patologia grave

Il 2011… un anno come tanti… un anno particolare… ecco: un anno x della mia vita! Tra l'altro gli anni passati dopo quello sono davvero volati, e con molti più alti che bassi.

È proprio da qui che voglio partire per raccontarvi la mia storia, quella della mia malattia. Ops!? Scusate! Non si tratta propriamente di una malattia, dicesi infatti, più correttamente, patologia grave.

Secondo la cassa-malattia, è proprio questo il termine esatto per dare un nome al tumore… che varrà come giustificazione sul posto di lavoro per la categoria professionale a cui appartengo. A dirla tutta… questa è di per sé già una bella cosa: per un po' di tempo non avrai problemi finanziari a cui pensare e questo ti permette sicuramente di affrontare il problema con più serenità.

Il tumore.

Questa bestia feroce il cui nominarne la sola parola, specie se pronunciata a voce alta o con disinvoltura, fa ancora ammutolire o rabbrividire molte persone… ebbene, è proprio lui che mi ha colpito! E lo ha fatto senza preavviso, senza manifestarsi con disturbi particolari.

Beh, non posso dire che sia stato un fulmine a ciel sereno. Nella mia famiglia, in fondo, ci sono state diverse persone colpite da un tumore, non del mio stesso tipo, ma sempre di tumore si tratta.

Comunque sia… ecco che un giorno, questa brutta bestia, con le sue braccia fatte dai miei vizi, come il fumo ed il nutrimento non sempre sano, e ben poggiato su zampe di problemi irrisolti e preoccupazioni… mi ha messo addosso le sue grinfie.

Ma bando alle ciance ed all'atmosfera da film horror: voglio raccontarvi, dal principio, come ha avuto inizio la mia avventura.

PERCORSO DELLA PATOLOGIA
LA CURA

Dal medico di famiglia

Era il novembre 2010. Di nuovo, per la seconda volta, il mal di gola fastidioso, non forte, ma presente. Vado dal medico e lui trova la gola infiammata, un po' rossa. Mi prescrive antinfiammatori e mi consiglia di prenderli per un po' di tempo. Parlando del più e del meno, gli racconto anche del mio orecchio tappato. Lui decide di mandarmi a fare una visita all'ospedale, alla ORL, visto che è la seconda volta che quest'anno s'infiamma la gola. Mi dice di prenotare nel frattempo la visita, visto che ci vuole un po' di tempo. Questo va bene, perché devo andare quando la gola non è più infiammata.

L'attesa della visita

L'appuntamento è per il 10/12/2010. La data mi è rimasta impressa. Me ne ricordo come fosse oggi.

Già prima di recarmi all'appuntamento inizio a preoccuparmi. La mia "voce interna" (questa zona si trova all'incirca all'inizio dell'intestino, sotto lo stomaco) mi dice che non devo aspettarmi niente di buono. Mi viene anche un po' di diarrea. A casa non dico niente. Mio marito mi direbbe solo che faccio subito, come sempre, la tragica. Non ha ancora imparato che se mi preoccupo io, c'è da preoccuparsi davvero. Così attendo la data in silenzio, immersa nei miei più cupi pensieri. Cosa farò, se…? Poi chiacchiero fra me e me. Riesco a mettere in palio tutte le possibilità di esito, ma già allora sono convinta di avere un tumore, anche se non sapevo dove. Considerando la situazione femminile familiare penso che sia il collo dell'utero. Ma perché allora dovrebbe esserci qualcosa nella gola? Dopo qualche notte agitata, mi metto il cuore in pace e aspetto. Ormai sono più che convinta di avere il tumore e questa certezza mi rilassa.

Il giorno della visita

Mi reco in ospedale, un po' agitata ed in attesa degli eventi. Mi visita un medico serio, insieme a lui c'è anche una dottoressa.

Partendo dal naso, scendono in esplorazione con una sonda fino alla mia gola. Dalla loro espressione vedo che c'è qualcosa che non va. Quando dicono che il monitor grande, che permette anche al paziente di sbirciare, disturba a causa dei colori; che il dottore non riesce vedere bene, e che riesce a vedere meglio con l'apparecchio che ha lì… allora so che i miei sospetti erano fondati. Mi è tutto chiaro. Alla mia domanda: "Cosa c'è? Si mette male?" mi rispondono in maniera vaga. Comunque mi viene detto che c'è qualcosa che deve essere chiarito e mi fissano un altro appuntamento. Riferiscono varie ipotesi di ciò che potrebbe essere. So che non possono dirmi niente finché non vengono fatti gli accertamenti. Io ormai sono convinta ed anche preparata al peggio.

... E COSÌ INIZIA L'AVVENTURA ...

(non voglio dire il calvario,
non me la sento di chiamare così tutto questo)

La seconda visita e tutte le altre

Un altro dottore ancora… Lo guardo e mi vedo confermare non con parole, ma con l'espressione dipinta sulla sua faccia il mio sospetto.

Mi prenota anche una gastroscopia ed un'altra visita ancora, il cui nome non riesco a memorizzare, in anestesia totale.

Mi dice che devo fare il *day-hospital*

Così inizia il tutto. Devo dire che in quel reparto sono molto efficienti e riesco a concludere la serie di visite e la TAC già il 24/12/2010. Praticamente è stato fatto tutto dalla A alla Zeta in brevissimo tempo. Nessuno ancora mi dice che cosa ho, ma io sono convinta di saperlo. Ne sono sicura perché non si fanno tutte queste visite di accertamento se non c'è almeno un forte sospetto. Il medico che mi ha in consegna mi conferma il sospetto. Sono quasi contenta; il NON sapere mi fa impazzire. Se non sai non puoi difenderti, affrontare la situazione, ecc... Sei costantemente in un tira e molla (c'è o non c'è; ma sì che c'è – troppe visite; scruti le facce; non sai... – che brutto non sapere!).

Il dottore è stato molto corretto nel mettermi al corrente del sospetto. Non mi ha fatto la ramanzina per le sigarette fumate, ma ha iniziato il discorso con un bel "Ad una certa età abbiamo…" o era dobbiamo (non mi ricordo); quello che mi è rimasto più impresso è il suo aver iniziato la frase con il 'noi'. Questo suo modo di esprimersi non ti procura frustrazione, non ti fa sentire un dito puntato contro... ti senti quasi rassicurata. Potrebbe sembrare una stupidaggine, ma non lo è. Non è che la pillola sia addolcita, ma l'approccio con la cruda realtà diventa diverso. Mi consiglia anche di non fumare più, se ci riesco. Cercherò di non fumare più o almeno di ridurre il numero.

Ho provato a parlare in casa con i miei. La loro risposta, come al solito, suonava più o meno così: "Tu fai sempre subito la tragica. Aspetta e non fasciarti la testa prima di conoscere la situazione. Ma perché pensi sempre al peggio!" e così via. Nessun aiuto per affrontare la situazione dunque. Non vogliono affrontare l'eventualità con me. Chissà… hanno forse paura?

Esco dall'ospedale il 24/12/2010, la mattina verso le ore 9:30. Che gentile il dottore che mi ha fatto uscire così presto dall'ospedale! In questo modo possiamo andare in Austria con tutta la calma a festeggiare il Natale con mia mamma novantenne. Lei sarebbe preoccupatissima non vedendomi arrivare per Natale ed io non ho nessuna intenzione di spiegare né a lei né agli altri della mia famiglia gli ultimi eventi che scombussoleranno la mia vita. A Natale? Direi proprio di NO.

Le vacanze di Natale

Abbiamo deciso di passare il Natale in Austria con mia madre. Partiamo insieme, Franco – mio marito – ed io. Roger, nostro figlio, passerà il Natale con la sua fidanzatina. Io mi fermerò un po' di più; pensavo di stare con mia mamma fino al 29/12/2010, visto che non so cosa succederà in seguito. Franco torna in Italia il 25/12/2010. Deve fare il parcheggiatore in montagna. Per me è meglio così; così posso riordinare i miei pensieri in santa pace, lontano da tutto. Non dico niente a mia mamma, a mio fratello, ai miei parenti; non voglio far stare in pensiero tutti prima del previsto. Per essere onesta, vorrei passare qualche giorno in spensieratezza e senza grandi preoccupazioni.

Passo le giornate in tranquillità andando a trovare parenti ed amici e godendomi questi giorni.

Non sono né in ansia né troppo preoccupata. Dentro di me si è fatta largo una grande quiete, come quella prima della tempesta. Sono convinta di essere gravemente ammalata, ma una piccola parte di me spera in una seconda chance per poter continuare a vivere ancora per un po' di tempo. Sarebbe proprio bello. Se non fosse così, voglio almeno avere il tempo di riordinare le mie cose e di non lasciarle inespresse. Voglio scrivere due righe a mio figlio per confortarlo, per dirgli alcune cose mai dette. Devo fare anche una specie di testamento biologico (in Austria è valido ed io ho la doppia cittadinanza) e il mio testamento vero. Mi piace lasciare le cose in ordine e decido di farle il prossimo anno, cioè i primi di gennaio. Partecipo alla festa di compleanno del mio figlioccio – mi sono divertita tantissimo. Ho fatto caso che non sono per niente abbattuta, solo vivo diversamente, più intensamente. Mi accorgo di cose che prima non notavo, rido di più e di gusto.

Torno in Italia come previsto.

Festeggiamo l'ultimo dell'anno in casa; d'altronde l'abbiamo passato così anche gli ultimi anni. Faccio da mangiare qualcosa di buono (a base di pesce) e stiamo insieme noi quattro: mio marito, mio figlio, la sua fidanzata ed io.

Organizzo anche la festa che diamo ogni anno in casa per gli amici. Tutto ok, come se non fosse successo niente e nessuno si accorge di nulla.

Degli esiti delle visite fatte non so nulla. Nessuno mi ha chiamato. Brutto segno o buon segno? Con tutte le feste…

Riprendo a lavorare lunedì dopo l'Epifania.

LA SCOPERTA
O MEGLIO "LA CERTEZZA"

Non avendo ricevuto notizie e considerando che comincia a farsi largo un po' di ansia per i risultati non ancora ricevuti, mi reco in ospedale – al reparto dell'ORL (sesto piano) – ancora prima di andare a lavorare. Trovo il dottore che mi ha fatto fare tutte le visite e gli chiedo se posso parlare con lui. Mi fa aspettare un po', visto che è di turno nel reparto. Quando tocca a me gli chiedo dell'esito degli esami. Non li ha ancora ricevuti in formato cartaceo, ma controlla sul computer. Lì ci sono. Hanno trovato un'ulcera nello stomaco ecc. e quello che mi aspettavo già: un tumore sulla laringe ed il linfonodo, che si vedeva da fuori, anche questo positivo agli esami istologici. Il dottore mi parla con tanta serenità e tranquillità, ed in questo modo riesco a percepire tutta l'entità della faccenda. Gli chiedo quanto pressappoco mi rimane da vivere e lui mi dice che ho delle buone possibilità. Dobbiamo vedere sul da farsi. Siccome ho già fatto tutti gli esami necessari per l'operazione, gli chiedo se è possibile farla il più presto possibile. Mi spiega che devo prima parlare anche con il radiologo dell'oncologia per la radioterapia. Ho due possibilità: l'operazione o la radioterapia. Il medico dell'ORL, che mi ha in cura, mi spiega l'operazione e le sue conseguenze. Il dottore, con la sua calma e serenità, mi ha tranquillizzata e penso di trovarmi in buone mani. Mi sento al sicuro.

Dopo il colloquio mi reco a scuola. Non ho nessuna voglia di andare a casa. Devo vedere prima tra me e me questa faccenda. Il lavoro mi piace e forse scambio due parole con Laura, la mia migliore amica. Mi dà tanta tranquillità, sembra una roccia nel vento. Faccio così; vado a scuola, un po' lavoro, un po' ci penso, poi decido e parlo con Laura prima e con Donatella poi. Mi stanno vicine e così partecipo anche alla programmazione settimanale, ma solo per un'ora. Mi è venuto il desiderio di andarmene a casa mia e di farmi un bel pianto liberatorio.

Arrivata a casa, racconto il tutto a mio marito, che rimane malissimo, peggio di me. Piango, ma neanche tanto. Una volta calmata, decido subito di prendere le cose una per volta, come si presentano, senza farne una tragedia greca già in partenza. Penso a tutte le malattie brutte, incurabili che esistono e penso in fondo di essere fortunata. Io ho una chance, piccola o grande si vedrà, ma comunque ho una possibilità di guarire.

*

Mi visita anche il primario, persona squisita, capace di infonderti una grande fiducia. Questi conferma tutta la diagnosi fatta dall'altro medico. Mi spiega di nuovo le conseguenze, mi consiglia di fare l'operazione e non solo la radioterapia. Mi spiega che facendo per prima la radioterapia – se si dovesse poi ripresentare il tumore – si comprometterebbe la voce e sarebbe molto più devastante dovermi operare in un secondo momento (così almeno ho capito).

Io sono sempre stata per i tagli netti in tutte le situazioni della vita e nel fondo del mio cuore ho già deciso: mi farò operare per avere una chance in più. Sono inoltre del parere che una volta tagliato è tagliato, cioè eliminato… e ci si pensa meno. Una cura drastica, ma spesso efficace. Questa è la mia personalissima opinione e non mi sono fatta influenzare da nessuno; visto che si tratta di me, del mio corpo, ritengo che sia fondamentale decidere autonomamente del proprio destino senza consultare familiari, amici, internet… confondono solo le idee. Mi sento in pace quando penso di farmi operare. Spero solo che non mi facciano aspettare troppo, l'attesa innervosisce e ti fa diventare insicura. Non voglio andare a leggere su internet – so che la rete è utilissima – ma nel mio caso rischierebbe di influenzarmi, ed io **voglio decidere da sola**. Ci sono poi tanti siti, tantissime opinioni… e questo finirebbe per confondermi le idee. Penso che la cosa più importante sia trovare il medico di cui ti fidi e che ti dà tranquillità. Mi fido dei dottori del reparto e non mi serve nient'altro.

*

Qualche giorno dopo parlo con il dottore della radiologia dell'ospedale del capoluogo. Questo mi spiega in cosa consiste la radioterapia combinata alla chemioterapia e mi consiglia di considerare questa opzione. Mi spiega che è un intervento molto meno invasivo dell'operazione. Chiedo di parlare con mio marito, esco cinque minuti e torno. Metto il medico al corrente di non voler sostenere solo la radioterapia combinata, ma anche l'operazione. Questi, dal canto suo, sembra quasi rimanerne incredulo e meravigliato, soprattutto perché aveva già preparato le carte per la sola radioterapia.

Mi chiede il perché della mia decisione demolitiva ed io rispondo: "Mi sento più sicura".

Confermo poi al dottore del reparto dell'ORL la mia decisione di farmi operare e lo prego di non farmi aspettare troppo.

*

Ora è arrivato il tempo di raccontare tutto ai miei: a mia mamma, a mio fratello ed alla sua famiglia, alla zia ed agli amici più intimi. Ma non voglio farlo per telefono. Ritengo sia una faccenda troppo impegnativa. Torno in Austria per informare i miei familiari. C'è chi rimane scioccato, chi incredulo, chi mostra tutta la sua preoccupazione. Non è una cosa facile leggere la preoccupazione sui loro volti, gestire le loro reazioni e rimanere calma. Sembra quasi abbiano bisogno del mio conforto. Roba da non credere! Decido dunque, per il momento, di non dire niente qui in Italia, tranne ad alcune amiche mie fidate. A mio marito chiedo di dirlo solo a due nostri amici. Penso che lui abbia bisogno di sostegno morale da parte di qualcuno. Non sono io la persona giusta. Lui è troppo preoccupato e questo mi innervosisce.

A casa mia sto decisamente meglio ed in pace.

IL RICOVERO E L'OPERAZIONE

Mi ricoverano il 23/01/2011, alla domenica mattina. Sono un po' nervosa perché è un'operazione abbastanza lunga e delicata. Impiegheranno ore. Mi fa paura l'anestesia. "Cavolo ... e se non mi sveglio? E se qualcosa va storto?" Penso alle mie ultime volontà; devo scrivere ad ogni costo ciò che voglio. Non devono tenermi in vita, se qualcosa non va per il verso giusto ed io non connetto più! Devo stendere anche il testamento. Voglio essere cremata, il funerale, la gente da avvertire ecc. Lo faccio e lo metto nel cassetto accanto al letto. Avverto mio marito, lui deve sapere dove trovare le mie volontà in caso di necessità. Penso, sia un po' sconcertato per tutto ciò. Non sa bene come prendere queste cose. Anch'io sono preoccupata: non per la malattia in sé, ma per l'operazione e ancora di più per l'anestesia, Anche mio figlio è un po' "nervosetto". Io lo riesco a tranquillizzare, apparentemente, mi ascolta di più.

Da quando ha visto che la mia malattia, cioè il tumore, non mi spaventa è un po' più rilassato e calmo. Ad entrambi ho spiegato che non posso preoccuparmi anche per loro; ancor più dal momento che io non mi preoccupo più di tanto. D'altronde non posso spendere le mie energie per occuparmi e preoccuparmi di loro. Ho bisogno di tranquillità.

Quanto sono nervosa per l'anestesia! Ho sempre paura quando non posso vedere e sentire ciò che mi accade.

Chissà come sarà dopo.

Come farò?

Cosa troveranno?

Mille domande ed idee anche assurde mi passano per la testa. Tutte non chiare, ma ben confuse. Vado anche giù a fumarmi la mia ultima sigaretta. Non ce la faccio senza.

Sono stupida, ma è così. È più forte di me. Ultimamente ho fumato pochissimo, solo quando ero troppo stressata. Ma l'ultima me la gusto fino in fondo. Un po' mi nascondo; mi sento in colpa e mi vergogno; ma mi piace!

Torno di sopra, sono calma e disposta ad affrontare al meglio la cosa. Venga quel che deve venire. Non possiamo né prevedere né influenzare l'avvenire delle cose. Mi metto nelle mani altrui e mi preparo per la notte.

Ho dormito molto bene e senza disturbi. La mattina sono un po' preoccupata, ma ho i miei due uomini accanto. Questo mi rafforza e tranquillizza.

Mi portano giù in sala operatoria. Che fortuna! C'è Cinzia, la mia compaesana, lì. Parliamo un po', poi mi preparano. Prima di addormentarmi vedo il primario – questo è un buon inizio; solo vederlo mi rende più tranquilla e serena. Mi dà tanta speranza – quel sorriso per me è proprio rassicurante. Poi mi addormentano. Non mi ricordo l'ultimo pensiero. Il tempo è passato velocemente.

IL "DOPO"

Mi sveglio. Mi sembra fosse nel cuore della notte. Qualcuno, così mi pare di sentire, sta dicendo: "Dai, respira da sola". Poi di nuovo niente. Ogni volta, quando mi sveglio per un attimo, vedo il buio fuori; non so se è la realtà o la mia immaginazione. Vedo gente andare e venire; ma tutto è confuso ed irreale. A volte non so dove sono. Non ho dolori – sicuramente sono piena di antidolorifici o simili o forse l'anestesia è ancora attiva. Chi lo sa. Non posso parlare, mi sento persa. Mi aspirano. Non so come funzionano le cose. Nessuno ti spiega gran che. Che posto impressionante!

La mattinata successiva vedo già più chiaro. Vedo un monitor, la gente, le infermiere. Il posto – la terapia intensiva – non mi piace assai. Non ha gran che di carino o di cordiale. Dolori non ne sento. Sono lì immobile, non penso tanto, osservo. Il tempo scorre molto lentamente. Sto gran parte della giornata lì. Mi dicono che mi porteranno in reparto dopo avermi fatto gli RX ai polmoni. Aspetto. Arriva il tecnico, li esegue; devo aspettare il medico che li dovrà guardare. Tarda ad arrivare. Mi hanno già spostato un po' il letto. Non trovo il bottone per suonare. Devo aspirare, ho il catarro; come faccio a farmi sentire e capire? Non respiro bene, faccio fatica, ma sembra che non ci faccia caso nessuno. Non c'è nessuno che stia guardando nella mia direzione. Tutti sono indaffarati ed in ansia per una persona – mi sembra importante o malconcia – che deve arrivare. Probabilmente sta peggio di me o è…? Mi sento abbandonata e sola. Probabilmente provo questa serie di emozioni e mi pongo queste domande perché non mi sono mai trovata in una situazione simile. Mi sento confusa e ho paura. Se solo ci fosse qualcuno a darmi una spiegazione, un non so che… Finalmente vedo qualcuno, alzo la mano e mi risponde di aver pazienza e che il dottore arriverà presto. In realtà non intendevo questo, così scuoto la testa. Voglio che mi aspirino! Mi danno un pezzo di carta, in modo da poter scrivere per farmi capire.

Per mia fortuna la sera mi portano in reparto. Qui sembra soffiare un altro vento, una brezza piacevole. Mentre mi mettono a letto, la testa scivola un po' all'indietro. È solo un attimo, ma è una sensazione davvero orribile, orrenda! Non so descriverla bene, ma ti sembra di essere un verme, inerte, privo di spina dorsale, con la testa a penzoloni. La testa ti gira e pensi di dover vomitare. Spero che non accada mai più. Faccio subito cenno alle due persone addette del mio trasferimento, della posizione della mia testa, ma quell'attimo mi sembra eterno. Panico! "E se fosse successo qualcosa all'interno della gola? Se si fosse scucita la ferita?". Quanti pensieri inutili mi passano per la testa in un attimo! Poi sto lì, tranquilla e beata nel mio letto e voglio solo dormire ancora. Che giornata!

LA PERMANENZA NEL REPARTO DELL'ORL

La prima sera passa in fretta. Mi mettono la flebo, viene a trovarmi mio marito e mi dice che tutto è andato bene. L'operazione è durata meno tempo del previsto. Anche il primario ed il dottore mi avevano detto questo. È tutto ok. Il tumore è stato tagliato via; non c'è più.

Passo una nottata tranquilla. Non ho dolori e mi sento abbastanza bene, provo un po' di stanchezza, ma niente che mi turba.

In questo reparto mi sento a mio agio. Sono tutti così disponibili e gentili. Sono lì da poco, ma mi sono tranquillizzata. Il personale, sorridente, mi dà sicurezza.

*

Mio marito ha telefonato a tutti per informarli della operazione. Avevo preparato un elenco delle persone per me importanti. L'avevo obbligato a non dire niente alle persone che non erano sull'elenco. Ho deciso io chi sì e chi no, a parte due suoi amici. Anche lui, mi sembra ovvio, ha bisogno di poter parlare con qualcuno. So di essere un po' particolare nelle mie decisioni, ma siccome sono convinta che per guarire bene ci vuole il contorno positivo ho fatto le mie scelte, scelte positive ed accurate.

Quando anche gli altri verranno a sapere che sono qui, sarà ormai passato un po' di tempo ed io avrò più forza per sopportare anche chi non gradisco tanto. Al momento vedo la faccenda sotto questa luce, anche se mio marito non concorda con me: "Verranno a saperlo lo stesso" dice, ma io sono del parere che certe persone non devono essere avvertite. E, se lo sapranno, va beh.

*

Gli infermieri di turno mi aspirano, mi mettono la "padella" (che fastidio – devo sbrigarmi a farcela da sola in bagno –), fanno il letto, mi mettono a mio agio. Sono tanto gentili e disponibili. Se possono si fermano a scambiare qualche parola. Io non rispondo – ho il periodo muto (non è facile per me che parlo tanto e sempre...) – in compenso annuisco, scuoto la testa, sorrido, faccio gesti, scrivo. È un modo nuovo, questo, di vedere il mondo... La prima settimana passa così, tra buone dormite – ho sempre dormito bene – tante aspirazioni, visite mediche, nutrimento attraverso un sondino che passa per il naso. Quest'ultimo dà un po' fastidio, ma è abbastanza sopportabile. C'è di peggio.

Sembro un elefante con una proboscide striminzita. Se non lego il sondino in qualche modo, mi penzola davanti alla bocca. Se penzola si sente tirare un po' nel naso e questo dà veramente fastidio, visto che lì è fissato con un punto di sutura. Ogni tanto mi passa per la mente: "E se ri-

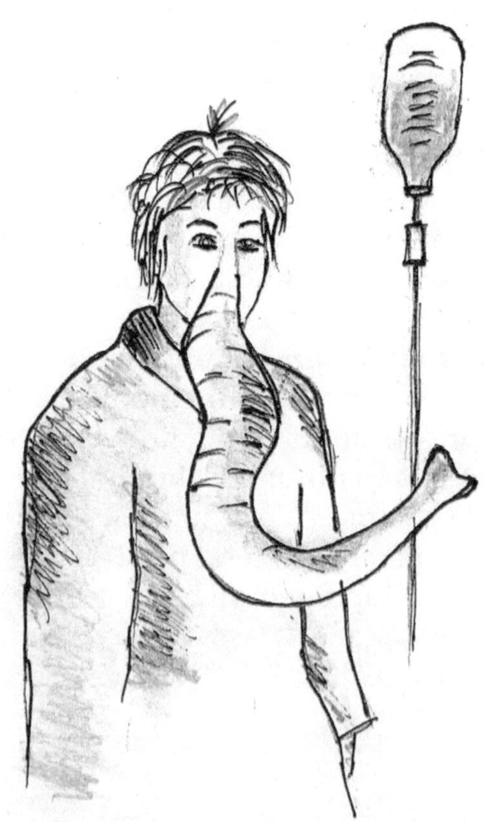

mango così? Che farò?". Ma subito elimino dalla mia mente questi pensieri negativi. Non ho nessuna ragione per pensarla così. Allora sposto la mia attenzione sul lato comico della cosa. L'autoironia sicuramente non mi manca. Sono contenta che mi vengano in mente questi assurdi paragoni (elefante, testa di pera ecc.). Dentro di me, mi fanno sorridere. Penso ogni tanto: "Chissà se riuscirò a parlare in futuro". Se c'è da imparare mi darò senz'altro da fare. Non voglio stare muta per il resto dei miei giorni. Non voglio dover scrivere per sempre. Sarebbe orribile.

*

Sono passati due o tre giorni e ora sono già un po' più autonoma. Che gioia poter andare in bagno da sola. Mi aiutano a lavarmi, ma sono sicura che tra breve riuscirò a farlo da sola. Quanta pazienza ha il personale! Sono veramente ammirevoli. Non sono una paziente facile. Mi angoscia stare da sola quando sono ammalata. E poi… questo catarro… Devono venire spesso a pulirmi la cannula ed aspirarmela. Quando mi toccano qualcosa all'interno mi dà molto fastidio, ma sono sicura che non lo fanno perché non gli importa o perché hanno fretta. Non sanno precisamente fino dove arrivano. Può capitare. È un attimo, va giù un pelino di troppo e… ahi... duole un po', però passa anche subito. Non parlo, riesco solo a guardarli con occhi grandi ed un poco "in fuori". Nei primi tempi, se per una qualche ragione non possono venire subito quando suoni il campanello, ti sembra di non riuscire più a respirare e quasi di soffocare. Ti viene un po' di panico e, con l'ansia che cresce, ti "intasi" ancora di più. Per il momento mi alleno a controllare il respiro – inspirare ed espirare molto lentamente, concentrandomi mentalmente a non agitarmi. Nel mio caso, questo funziona molto bene, e mi permette di rilassarmi subito. Rilassandomi, respiro meglio ed intanto il tempo passa (due, tre, cinque minuti) e qualcuno arriva. Con il passare del tempo divento sempre più sicura. Dovrò farmi insegnare come fare la procedura da sola. Non mi sembra così difficile. Se sto attenta a come lo fanno gli infermieri, sicuramente sarò in grado di farlo anche io. Ma mi serve uno specchio. Dirò a mio marito di portarmene uno al più presto.

*

Si sente tanto parlare di mala sanità. Invece vorrei spezzare una lancia in favore del personale del reparto dove sono ricoverata. Tutto il personale, dal primo all'ultimo, è tanto paziente – mai una parola sgarbata o una faccia lunga. Hanno sempre il sorriso sulle labbra. "Come fanno" mi domando, "ad essere sempre così professionali e nello stesso tempo così umani?". Anche i medici ti fanno sentire bene, dentro e fuori. Ti visitano con cura e ti spiegano quanto serve. Il primario, sempre con un sorriso, sa veramente il fatto suo e questo ti fa sentire in buone mani. Non si fa vedere come un Dio in terra, come ho avuto tante volte l'occasione di osservare al di qua e al di là delle Alpi. Lui ti spiega le cose, si ferma a chiederti come stai e ti senti già un po' meno malata. Ti ridà il sorriso e ti senti a tuo agio nonostante il tuo handicap fisico. Penso che una bella dose di volontà per affrontare le difficoltà ti venga da lui, dal personale medico-infermieristico e dalle OSS. In qualche modo vorresti ricambiare, ma è difficile trovare qualcosa che potrebbe andare bene. Un cioccolatino, qualche dolcetto… se ci penso bene, meglio ancora se riesco a rendermi utile in qualche maniera, magari essendo paziente e cercando di fare da sola quello che si può. Sono veramente un'ottima équipe che chiunque vorrebbe avere al suo fianco quando è ricoverato in ospedale.

*

Ora mi hanno insegnato ad aspirarmi da sola. Guardo con un po' di diffidenza questo tubo che dovrò mettermi nella cannula e… vai… si aspira! Non è poi così semplice come sembra. Lo infili e… tocchi in fondo… ahia… aspiri e non sai ancora per quanto dovresti continuare a farlo. Ci provi, riprovi… e va sempre meglio. Spesso il tubo si ferma (per così dire) nel "buco" della cannula e non va più avanti. Ruotarlo un po', mi hanno detto. Bene, ci provo. Poi devo arrendermi ed aspiro solo fino lì. Quanto catarro! Saranno tutte le sigarette che ho fumato! Che schifo! Potevo anche farne a meno.

Ho imparato un'altra cosa: levarmi da sola la contro-cannula. Non è difficile; così mi pulisco tutto da sola: utilizzo lo spazzolino, l'acqua, l'Amuchina, ecc. Già, cerco di rendermi un po' utile. Sono qui tutto il giorno e devo fare qualcosa. Non mi basta essere aiutata da tutti. Devo riempirmi la giornata e trovare un sistema piacevole ed efficace.

Ho deciso di dedicare la mattinata (mi alzo presto – come sono abituata da molto tempo) all'igiene personale: mi lavo e poi mi metto la crema su tutto il corpo – una che mi piace, ha un profumo delizioso. Dopotutto devo trattarmi bene! A proposito: non riesco a lavarmi i capelli da sola; mi aiuta una signora del personale. E che acconciature niente male mi fa! È stata lei a tagliarmi i capelli prima dell'operazione e devo dire che è proprio brava! Non è facile lavarsi o farsi lavare la testa quando si ha la cannula. Ho sempre paura che mi possa entrare dentro lo shampoo. Una volta a casa, mi sa che dovrò farmi aiutare da mio marito: per ora non riesco nemmeno ad alzare il braccio sinistro sopra la testa. Speriamo che, col tempo, il mio braccio possa tornare abbastanza mobile! Chissà? Dopodiché mi faccio uno o due sudoku e leggo un po'. Mi hanno portato tanti libri. Mi piace tantissimo leggere.

Dopo la colazione – mi nutro ancora con il tubo che passa per il naso – mi risistemano il letto. A proposito: il nutrimento per il naso non è tanto piacevole. Soprattutto non ti permette di sentire il profumo delle pietanze! Decido di annusarle prima di metterle nell'enorme siringa per nutrirmi. Ho imparato anche questo. Aspetto che il cibo si raffreddi, poi dentro nella siringa e... se devo dirla tutta, MANGIARE è proprio tutt'altra cosa. Sempre meglio delle sacche con la roba bianca dentro. Sapete, ogni tanto mi viene un piccolo rutto e sento il gusto del cibo in gola. Beh, è sempre meglio che niente.

Il menù non varia tanto (una specie di purea ogni giorno e per due volte – cambia il colore, ma non è granché). Posso capire che con la siringa non si può avere tutto, ma almeno cambiare un po' i gusti. Esiste tanta roba che si può frullare!

Una cosa strana: non ho mai avuto sete e non ne ho neanche adesso. Probabilmente la mia dieta è ben equilibrata e ricevo abbastanza liquidi. All'inizio ok, avevo le flebo ad idratarmi, e percepivo la mia bocca davvero molto piccola rispetto alla mia testa enorme, gonfia. Nonostante ciò, non sentivo mai la bocca asciutta. Ora c'è la siringa e provvedo da sola: dopo i pasti, nel dubbio, mi sparo sempre due o tre siringhe d'acqua (servono anche per pulire il tubo).

Devo darmi da fare. Spero che fra non molto mi insegnino a mangiare di nuovo. Sono una buona forchetta e penso che imparerò abbastanza in fretta. La volontà sicuramente non mi manca.

*

Da oggi, 09/02/2011 non devo più scrivere tanto, ho iniziato a parlare piano piano: il volume non è poi altissimo, ma quanto basta per farmi capire. Nel frattempo, la logopedista mi insegna a riabilitarmi per quanto riguarda il mangiare. Mi ha fatto mangiare quattro cucchiaini di polpa di mela e poi ho bevuto tre cucchiai d'acqua.

Che tosse nel pomeriggio! Non mi salvo più. Non so se dipende da ciò che ho mangiato o da che cosa, ma in ogni caso è decisamente molto molesta. La giornata sarebbe trascorsa nella massima tranquillità se non ci fosse stata. Ho avuto poche visite, la mia amica Lia e suo marito Edi.

I dottori mi dicono che tutto procede bene. Sono ancora gonfia sia dentro che fuori. Non mi somministrano più antibiotici.

La notte ho riposato molto bene. Quando dormo, dormo – per fortuna non ho mai avuto problemi con il dormire. Mi sveglio anche abbastanza di rado. Al risveglio, questa mattina, mi grattava la gola. Alla visita i dottori mi spiegano che ho un gonfiore simile a una ciliegina sulla sutura. Come medicinali, prendo solo un protettivo per lo stomaco, disciolto nell'acqua ed iniettato con la mega-siringa.

Anche oggi ho lavorato con la logopedista. Devo parlare molto e provare a bere acqua ghiacciata. se faccio sorsetti piccoli piccoli va abbastanza bene. Per di più anche la gola è un po' più umida. Mi intrattengo con le mogli dei pazienti come me. Così scambio qualche parola. Mi faccio anche spesso delle passeggiate lungo il corridoio; in questo modo il tempo passa più velocemente e mi tengo anche un po' in forma. In questi giorni ho scritto un'infinità di SMS ad amici e parenti.

*

Il mio amico Golia, un pupazzo morbidoso, mi fa tanta tenerezza. "Un pupazzo alla mia età?" penserete. Lo trovo importante: mi guarda, lo strizzo e mi fa ridere. Ha un visino molto buffo. Se sono nervosa, lo stringo forte (lui non si lamenta mai), quasi lo maltratto. Me l'ha regalato Laura. Lei sì che sa di cosa ho bisogno e con questo peluche la sento molto vicina. Gli ho dato questo nome per via della gola.

Anche il mio DS è una persona splendida. Risponde persino agli SMS, poche parole, ma trova sempre quelle giuste.

Mi conforta e così so che non devo preoccuparmi del lavoro.

Tante colleghe vengono a trovarmi. Iris, che è del luogo, è molto divertente e mi tira su di morale. Per dire la verità non ho avuto ancora crisi di sconforto o di disperazione. Chissà se questo mio comportamento è normale. Non mi sento né giù né tantomeno ho bisogno di conforto. Certamente mi fa piacere – sarei una bugiarda se non lo ammettessi – che mi incoraggino, ma non lo sento indispensabile. Sono un po' megalomane (direi abbastanza) e mi piace assai sentirmi coccolata e riverita e...

Le visite mi piacciono, ma ogni tanto mi fanno anche arrabbiare. Provo rabbia quando dico che sto bene, che mi sento veramente bene e poi... mi guardano come se fossi una bugiarda, o meglio, con un piede nella fossa. Non riescono ad ammettere, o quasi, che una persona con una patologia grave come la mia (la parola tumore, poi, fa rabbrividire quasi tutti) possa stare bene o, quantomeno, discretamente. Ooooooohhhh, quanto li detesto!

Sono contenta oggi, anche perché posso di nuovo parlare e sorseggiare un pochino. Faccio progressi, molto piccoli, ma comunque progressi.

Adesso è ora di prepararmi per la notte: devo lavarmi, cambiarmi, leggere due righe e poi... a dormire – mi auguro bene, come la notte scorsa, dato che mi sono svegliata appena una volta.

Si inizia a mangiare

Oggi, 12/02/2011, è stata una giornata memorabile. Ho assaggiato, a piccole cucchiaiate ed assistita verbalmente dal dottore, un po' di mele cotte e del budino alla vaniglia! Me li sono proprio gustati: mangiare, nel senso ora letterale del termine, è davvero tutta un'altra cosa! E… che pazienza continua a dimostrare questo dottore, spiegandomi molto bene come deglutire. Infatti devo reimparare tutto, ma sono certa di farcela. Non sarà facile: la roba ti va qua e là. Ci vuole molta concentrazione! Aria e cibo insieme non è per nulla un buon binomio! Se sbagli che tosse ti viene!

Anche nel pomeriggio ho mangiato un po' di budino. Che bella sensazione quando qualcosa di commestibile scende giù per la gola… e che gustoso! Che aroma!

*

Mi vengono a trovare tante persone. È molto divertente ed il tempo passa molto in fretta. Se osservo le persone che vengono, mi rendo conto di quanto siano diverse; anche nell'affrontare me e la mia patologia. Qualcuno, riferendosi alla mia cannula, la chiama *"quella cosa lì"*, chissà, forse il termine tecnico crea loro qualche disagio. Poi timidamente chiedono: "Ma… (pausa), te lo tolgono o… (pausa) è per sempre?". Quando spiego loro come stanno le cose, allora sembrano sollevati. Alcuni si comportano in modo normale, mentre altri, dentro di te, riescono a crearti non poca ilarità. Infine, non può mancare la curiosità fatta persona: quelle persone che vengono a farti visita solo per sapere le novità, col fine di raccontarle in giro e, naturalmente, secondo la loro versione.

Per fortuna ci sono i veri amici con cui ridere e scherzare e, soprattutto, con i quali poter parlare seriamente.

*

Il giorno seguente ho mangiato di nuovo, sempre assistita. Questa volta dalla dottoressa: budino e polpa di mela. Ho avuto solo due colpi di tosse. Mi succede quando abbasso la guardia e non mi concentro nell'inghiottire: devo ripetermi mentalmente una sorta di sequenza (proprio come i bambini piccoli a scuola) ed evitare di inghiottire ed inspirare insieme.

Ho fatto una bellissima chiacchierata con un'infermiera. Abbiamo parlato delle sensazioni che prova un paziente quando si pulisce, muove, toglie e tocca la cannula. Mi ha chiesto che cosa dia più o meno fastidio. In realtà, l'unica cosa che dà fastidio è quando si scende troppo giù nella gola o se ne tocca l'interno. Quando si reinserisce la cannula (quella esterna non la contro-cannula), può creare qualche conato, ma a dirla tutta, su questo fronte io sono sempre stata un po' "delicatina". Provo, a volte, una sensazione simile quando si aggancia il collarino che regge la cannula, perché questa tende a muoversi all'interno e ciò mi provoca qualche colpo di tosse ed un po' di nausea.

La domenica è sempre una giornata di tante visite. Anche oggi, nel pomeriggio ho fatto "salottino". Visto che sono ancora in camera da sola e considerando il fatto che non devo seguire particolari cure, non diamo fastidio a nessuno. Nel pomeriggio, poi, sono sempre abbastanza libera.

Ho anche fatto una chiacchierata con il primario. Mi ha spiegato che la mia laringe si è ridotta di molto – ne è rimasta circa un quarto. Per capirci: la mia laringe fa lo stesso lavoro di una mano con due dita. Devo solo aver pazienza, provare e riprovare. Lui sì che sa come incoraggiare la gente! Ha un modo molto chiaro e professionale di spiegare le cose e, allo stesso tempo, è anche molto umano.

Stamattina non mi sono potuta allenare con il cibo. Il medico in servizio purtroppo aveva troppo da fare. Peccato, ma lo farò sicuramente domani. Decido allora di fare le mie solite passeggiate, su e giù per il corridoio, incontrando e fermandomi con alcune persone. Mi faccio una chiacchierata e via… altri passi. Devo muovermi ogni giorno: per la circolazione, i muscoli, ecc.

Oggi è San Valentino! Nel pomeriggio mio marito mi ha portato… una rosa BLU! Bellissima! Abbiamo parlato del più e del meno e fatto una passeggiata insieme.

Oggi mi è capitata anche una cosa curiosa: una persona che conosco, ma solo di vista, è venuta a trovarmi. La scena è stata a dir poco grottesca! Con un'aria quasi posseduta si è fermata appena sulla soglia della porta della camera e da lì, salutandomi a malapena, ha cominciato a scrutarmi, dalla testa ai piedi con una palpabile curiosità. Ad un tratto, mi chiede: "Che hai fatto?", le rispondo: "Un'operazione". Ricomincia a guardarmi nuovamente… senza una parola. Poi frettolosamente e con tono indispettito, forse dalla mia risposta elusiva, ci riprova con una seconda domanda: "Si può sapere che hai?". Le rispondo pacatamente e con una sola parola: "NO!". La persona mi fissa, e senza dire nulla, se ne va. Roba da matti, penso. Perlomeno, prima di tutto salutami e chiedimi almeno "come stai"! Un po' di buona educazione.

*

Dopo essermi preparata per la notte ed aver letto un po', inizio a pensare: dovrei chiedere di poter parlare con uno psicologo. Certe sere, infatti, capita che mi affliggano pensieri non del tutto positivi, sia per quanto riguarda la mia malattia sia a proposito della vita che conduco. Ho bisogno di chiarirmi le idee. Con mio marito non posso affrontare queste cose in maniera completa, perché non è una persona positiva; e poi, essendo già abbastanza preoccupato di suo, non capisco come potrebbe essermi di sostegno morale.

Mia mamma, quando è stata operata di tumore nel 1960 si è avvalsa del sostegno di uno psicologo. Ci ha sempre detto: "Se mai vi capitasse di avere il cancro, fatevi un consulto dallo psicologo. È importantissimo! Dovete eliminare tutto l'inutile ed il dannoso, anche nell'anima! Si deve fare piazza pulita". Anch'io la penso così. Vedremo che cosa si può fare. Parlerò con la dottoressa. Che strano… questa cosa non voglio chiederla ad un medico maschio, ma alla dottoressa. Chissà come mai. Va beh, ora non mi voglio scervellare anche per questa idea: mi farò una bella dormita. Il sonno porta sempre consiglio.

Un'ultima cosa: oggi sono tre settimane che sono qui. Non mi sembra vero. Il tempo passa davvero in fretta.

Il giorno seguente mi sveglio bene. Il tempo non è bello, fuori è nuvoloso e lugubre. "Farò una giornata di sano relax", penso. Poi mi preparo, come sempre, per la giornata. Faccio la mia *megatoilette*: lavaggio del corpo, crema corpo, crema viso, pensieri positivi, un sorriso ecc. Devo trattarmi bene! Il tempo poi non mi manca. Di solito, dopo la colazione faccio due o tre sudoku, leggo un po' ed ascolto la radio. Mi piacciono molto i programmi di Radio 2. In questo modo passo il tempo fino alla visita medica. Dopo la visita faccio invece una passeggiata per il corridoio: i miei mille passi giornalieri. Di tanto in tanto mi accompagna una signora, che assiste il marito. Abbiamo fatto conoscenza e ci mettiamo spesso a chiacchierare di noi del più e del meno. Ogni tanto viene anche lui a camminare con noi.

Oggi, oltre ai pasti normali, ho mangiato due budini: uno la mattina ed uno nel pomeriggio. Devo mangiare di più. Peso solo sessantadue chili! Troppo poco. Prima di operarmi ne pesavo sessantasette. La dietologa, altra persona splendida, mi aveva spiegato che dovevo aumentare per riacquistare il peso di prima o almeno quasi tutti i chili persi. Mi seguirà non solo qui in ospedale, ma anche una volta a casa. Mi ha parlato di budini sostanziosi, di bevande molto caloriche ed integrative. Mi darà comunque tutti i consigli quando uscirò.

Mi peso ogni giorno, ma non mi muovo dai miei sessantadue chili. Oggi ho bevuto due integratori, mangiato tutto il pranzo, la cena ed anche i budini.

Ho chiesto alla dottoressa il sostegno della psicologa. Mi ha risposto che faccio bene. Anch'io ne sono convinta. Mi ci vuole proprio. Ho un periodo un po' così: non sto male, ma neanche benissimo.

Una giornata NO

Oggi è il 18/02/2011. È proprio una giornata NO. Peso quasi un chilo di meno? Questa faccenda del peso sembra diventare una specie di ossessione. Mi peso ogni mattina. Parlerò con la dietologa. Per il resto la giornata inizia abbastanza bene.

Durante la visita medica mi dicono che probabilmente dovrò fare anche della radioterapia. Mi dicono di accettarla sempre che l'oncologo dell'ospedale del capoluogo la consigli. Naturalmente io faccio quello che mi consigliano i miei medici dell'ospedale: mi fido ciecamente di loro e seguirò il loro consiglio. Durante l'operazione, infatti, hanno trovato tre linfonodi infetti. Mi hanno però assicurato di averli tolti tutti. Spero di sì! Sono però conscia anche del fatto che non ci sia una certezza del 100% e che tantomeno si possa diventare immuni (sarebbe una bella cosa...). Vedremo come andrà a finire. Spero solo che non sia "*Sch... e*".

La giornata prosegue con tanti pensieri negativi e contrastanti. Quella che, con licenza poco poetica, si può definire una "giornata di m..." (biiip). Mi sento giù e sono preoccupata: "Chissà se hanno tolto tutto"... "Chissà se il pericolo è passato"... "Chissà se una cellula è riuscita a scappare e ora se ne sta vagando indisturbata in giro per il mio corpo"... "Chissà". Quanti chissà mi vengono in mente! Provo una sensazione di impotenza mista a rabbia. Penso "Che schifo!", mi verrebbe voglia di sputare sul pavimento (non lo faccio – penso alle donne di pulizie) e di urlare. Ma come si può urlare senza voce? Mi viene in mente l'Urlo di Munch. "Cosa posso fare?". Ho trovato la soluzione: inizio a scrivere, scrivere ed ancora scrivere. Mi rilassa! Devo riuscire almeno a finire questo racconto... e forse ci riuscirò. Ma chi lo sa (ha ragione mio marito quando dice che faccio la tragica! È un po' la mia indole)! Intanto sono qua, aspetto e spero. Poi rifletto. "Che cosa direbbe mia mamma vedendomi così?". Sono come una bambina viziata alla quale hanno tolto il giocattolo più prezioso. "NON DEVO e NON VOGLIO ABBATTERMI! Io sono FORTE e non mi faccio distruggere!" Poi ci rifletto meglio: "Tutto sbagliato. Devo pensare al positivo e non utilizzare il no, non, ecc.". Ricomincio da capo. Penso: "Io sono FORTE. Io GUARIRÒ. Sono FORTE, FORTE, FORTISSIMA!

Combatterò, COMBATTERÒ e poi vincerò, vincerò, VINCERÒ!" Lo ammetto, sono anche un po' megalomane e tutt'altro che poco convinta di me stessa. Così, dopo un lasso di tempo neanche troppo lungo, riesco a calmarmi ed a pensare con una maggiore lucidità. "Se mi fido dei dottori e credo a loro, perché dubito delle loro parole e mi dispero? Al momento non ho nessuna ragione di farlo". Il mio cervello ogni tanto è proprio pazzo. Che ci posso fare?

Come per incanto viene anche la psicologa per fare una breve chiacchierata con me e per fissare il primo vero incontro. Parliamo un po' e mi fa una buona impressione. Mi sento a mio agio e fissiamo subito un appuntamento per il lunedì successivo. Sono curiosa ed allo stesso tempo mi sento già molto meglio. Ho trovato finalmente la pace dentro di me e, come per magia, anche le mie preoccupazioni sono svanite nel nulla. Sono di nuovo io, la vecchia Barbara, battagliera e con tanta fiducia in se stessa.

In fondo, ripensandoci meglio… è del tutto normale che abbia provato un tale senso di disperazione: prima d'ora non mi ero mai disperata; al massimo un po' preoccupata, ma non più di tanto.

Ora, dopo questo sfogo incontrollato, sento di poter affrontare veramente tutto.

*

La giornata odierna si presenta decisamente migliore di quella passata. Dopo una bella dormita, senza svegliarmi più di una volta, mi sento come nuova ed abbastanza tranquillizzata. **Devo abituarmi a ragionare più spesso a mente fredda, non quando sono nervosa, impaurita, confusa.**

Oggi le visite sono state numerose, prima ed anche dopo mezzodì. Le mie due amiche, Laura e Tella, mi hanno fatto fare tante sane risate! Ridere è veramente un toccasana. Con loro mi diverto sempre tanto, sanno aiutarmi anche nei momenti difficili. Laura, in particolare, riesce a trasmetterti tanta energia e ad infondermi un senso di benessere emotivo.

Anche i miei due uomini, Roger e Franco, mi hanno fatto visita e così, per la prima volta, mi hanno vista mangiare: minestrone fatto in casa da mio marito e piselli in umido, il tutto frullato come si deve. SLURP! Mi sono fatta portare anche delle banane, dei formaggini, dello stracchino, una scatola di carne, ecc... Vedremo se giova, perché sono ancora un po' preoccupata per il peso. Non vuole aumentare? Da un lato, starei bene anche così, un po' meno rotonda di prima... dall'altro devo aumentare per poter affrontare al meglio la radioterapia.

Per dirla tutta, il cibo qui in reparto non brilla proprio. Posso capire che non sia facile scegliere delle portate che vadano bene per persone come me – persone con la cannula – ma... ogni giorno purea? Il gusto, seppur buono, è sempre quello... a variare è solo il colore. Se penso ai bambini che seguo a scuola, portatori di handicap grave e che possono mangiare solo cibi frullati... non mangiano mica solo purea! Anzi... hanno una dieta decisamente varia. Per fortuna, a salvarmi dalle onde anomale di purea, c'è il personale del reparto che cerca di tirarmi su il morale aggiungendo un po' di stracchino, scambiando di soppiatto qualche pasto, ecc. In questo modo riesco a variare un po' il menù... anche perché non devo seguire diete particolari!

Quasi mi dimenticavo: ho preso un po' d'aria sulla terrazza (con il permesso del dottore)! Pochi minuti, ma è stata una bella sensazione: un po' di aria fresca e buona ed il sole sulla faccia… che goduria! Lo rifarò anche domani, sempre che la giornata sia altrettanto splendida come quella odierna e che non faccia freddo.

Ho contato da quante giornate sono ricoverata in ospedale. Sono già quattro settimane. Non mi sembrano poi così tante… sono passate velocemente.

"Uffa, anche oggi solo sessantadue chili." Mi sono pesata due volte.

Non volevo crederci. La giornata passa un po' altalenante, preoccupazioni, pensieri positivi, altri divertenti. Di tutto un mix. Vediamo come procedono le cose. Intanto penso a che cosa mangerò a mezzodì.

Considerando che ho tanto catarro, mi fanno fare dei fumenti con l'acqua per dieci minuti ogni tre ore circa. Così eliminerò quello in eccesso. Dopo il trattamento, infatti, mi è uscito tanto muco. A dirla tutta, mi fa anche un po' schifo – sono sempre stata alquanto suscettibile in merito. Spero di riuscire a dormire stanotte e di non continuare a spurgare in questa maniera. Se va avanti così, non vado neanche a letto!

Ho rifatto la manutenzione del tubo per la nutrizione. Non voglio più rischiare di spalmare il cibo sul muro. Mi viene ancora da ridere, se ci penso. E che vergogna! Beh, neanche tanto: in fondo, non potevo farci nulla... si era semplicemente distaccato l'attacco del tubo e splash: tutta la purea gialla distribuita sul muro.

A pranzo oggi c'erano i tortellini frullati. Mangio tutto frullato e sotto l'occhio vigile dell'infermiera: deve controllare e, se serve, aiutarmi ad aspirare. Ma oggi aspetto, aspetto... e non viene. Non so perché devo aspettare tanto, ho fame ed inizio a stancarmi. Mi aveva detto che sarebbe venuta subito, ma... è passata un'ora! Ormai sono stanca. Non è l'aspettare in sé, ma il non sapere "quando": ti dice "Cinque minuti" poi "Un attimo" e intanto passa un'ora! Ti innervosisci e così ti stanchi e sai già che ti andrà di traverso. Preferisco mi dicano di aspettare un'ora. Allora potrei organizzarmi, senza pensarci: potrei cercarmi qualcosa da fare e così il tempo passa. So benissimo che non sono la sola ad avere bisogno di loro, anzi, siamo in tanti. Per fortuna succede di rado e, d'altronde, può succedere. Non è andata poi tanto male. Ho mangiato tutto e senza grande fatica! Comunque sia, non vedo l'ora di farcela da sola.

Che nottata! Ho dormito dalle 22:20 fino alle 5:40! Mai così bene. Probabilmente, eliminando il catarro ho respirato meglio.

Dopo l'igiene personale, ho fatto colazione e compiuto la visita giornaliera. Il dottore ha constatato che sono ancora troppo gonfia dentro ("la ciliegina") dunque non mi tolgono ancora la sonda. Devo anche imparare a bere meglio. Non sono pronta per andare a casa. Per la verità, io non ho fretta di andare a casa; voglio essere sicura di potercela fare da sola.

Ho passato un'ora dalla psicologa. Abbiamo parlato del più e del meno, delle cose che mi frullano per la testa e di ciò che mi aspetto da lei. Sono stata bene anche se mi sono fatta un bel pianto! Mi ha consigliato di pensare al *"d'ora in poi"* e di non guardare indietro. Non si può cambiare il passato e non mi devo sentire in colpa. Il pianto mi ha liberato da tante angosce. Ho parlato di mia mamma, di mia cognata, ecc. Ora mi sento meglio.

All'ora di cena mi sono divertita troppo e così il cibo mi è andato traverso per ben due volte. "Barbara, devi prestare più attenzione! Non badare agli altri, mangia e basta". Ma era troppo divertente e, per una volta... non si può fare sempre i seri!

La mia amica Anto mi ha portato un libro molto divertente ed un po' osé. Ne ho già letto due storie e mi sono fatta tante risate. Leggo molto, mi piace. Qui ho letture di ogni genere a disposizione.

Che disastro! Ho rotto lo specchio! Non sono superstiziosa e non credo che porti male, ma... avevo promesso di regalarlo ad un'infermiera. Sembrava la lente di Sherlock Holmes, versione gigante. Volevo lasciarlo a lei. Ora è rotto; mi è semplicemente scivolato. Peccato!

Col mangiare va meglio; ma ho ancora qualche problema con il bere. Mi va spesso di traverso, così cerco di sorseggiare lentamente e un po' alla volta.

Ho imparato a mettermi e togliermi la cannula. Così, quando serve, riesco ad aspirarmi autonomamente. A pranzo ho mangiato DA SOLA! Non c'era nessuno. Mi sento un po' megalomane, ma... che bene! Poi mi sono lavata, ho messo la crema e rimesso la cannula. Poi mi sono fatta controllare. Non vorrei perdere pezzi in giro ed inoltre ti senti anche più sicura.

Ho parlato anche col primario. Mi ha consigliato di accettare la radioterapia, se il radiologo me l'avesse proposta. Questa terapia, mi spiega, rallenterà il mio recupero, ma mi conforta dicendo che guarirò lo stesso completamente. Lui riesce sempre a tranquillizzarmi ed a farmi pensare in maniera positiva con la sua pacatezza e calma, accompagnata da un sorriso. Io ho piena fiducia in lui. Vedremo cosa mi dicono lunedì quelli del capoluogo. Sono pronta ad affrontare qualsiasi cosa. Voglio vincere questa mia battaglia contro il cancro e sono convinta che VINCERÒ! Non sarà facile lo so, ma posso farcela. Sono pronta e... "Avanti tutta!" Ho tante persone care attorno a me che mi aiutano e che mi stanno vicine. Da quel lato sono proprio fortunata. Di nuovo: "Avanti tutta!"

*

La ripresa prosegue bene ma lentamente, almeno così mi sembra. Sono tranquilla e le preoccupazioni sono sempre di meno. Dolori non ne ho e, per la verità, non sono mai stati così forti: una cosa non da poco.

*

Le visite dalla psicologa, una alla settimana, mi aiutano molto. Già che ci sono voglio fare piazza pulita di tutto. Si discute di tante cose; la mia patologia non è che mi preoccupi più di tanto (ormai il tumore è stato tagliato, eliminato), ma ho un sacco di cose che non ho "digerito", come quelle causate da mia cognata durante la malattia di mia mamma, ecc. Non ho saputo far fronte alle sue aggressioni velate e difendermi di conseguenza, soprattutto perché non volevo causare preoccupazioni e dispiaceri a mia madre. Figurativamente ho sempre detto: "Questa cosa mi è rimasta lì…", indicando la gola. Così è successo anche con tante altre cose che non ho elaborato ed eliminato. Penso che anche questo abbia influito sul sorgere del tumore, e quasi sicuramente sull'ulcera nello stomaco. Era un continuo stress che durava da anni, in continuo aumento. La psicologa mi ha consigliato un bel libro dal titolo "Piacersi – non piacere", per affrontare questo tipo di problemi. Lo ordinerò attraverso internet. Mi piace molto parlare con lei ed elaborare le mie insicurezze... è come se mi si ampliassero gli orizzonti.

Sono stata anche dalla dietologa. Questa mi ha consigliato, una volta a casa, di aggiungere degli integratori alla normale dieta: sono delle bevande ipercaloriche (non mi piacciono particolarmente perché hanno un gusto molto forte) e dei budini. Così ingrasserò un po', si spera!

Il dottore mi ha detto che forse domani mi toglieranno il sondino. "Che bene. Sarà bello senza quel tubo che mi penzola davanti alla faccia! Sperò di riuscire a mangiare tutto e, soprattutto, a bere sufficientemente. Ma sì... di prove ne ho fatte, e tante! Su, coraggio! Un'altra tappa si conclude. Siamo a buon punto! Olé!"

IL GRANDE GIORNO – SENZA SONDINO DAL NASO! Mi sembra così strano non avere più nulla che mi dia fastidio nel naso. Assumerò il liquido a piccoli sorsetti, altrimenti mi andrà di traverso. Di tempo ne ho molto a disposizione. È facile dire: "Bevi abbondantemente", ma la realtà è diversa. Si fa fatica. Ritengo che per me sia stata la cosa in assoluto più difficile da affrontare. Come sempre i dottori mi avevano avvertito e così ero preparata. È importante sapere le cose in anticipo: in questo modo sei preparata e riesci ad affrontare meglio la situazione. Sono contenta in questo reparto. Ti dicono quello che devi sapere, senza andare troppo nello specifico – che poi rischi solo di non capirci più nulla – ma nello stesso tempo lo spiegano in modo esauriente e comprensibile. La cosa migliore, direi.

La logopedista mi ha spiegato, o meglio, insegnato come funziona "il bere". A deglutire ho imparato. In fondo, non può succedermi nulla, ho ancora la cannula. Al massimo dei colpi di tosse.

Tra poco mi manderanno a casa. Sono contenta di questo, anche se non ho nulla di cui lamentarmi. Adesso è veramente giunta l'ora di tornare alla normalità, a casa, alle cose che facevo prima. Mi sono accorta che qui mi sto creando un mondo tutto mio, molto protetto e fuori dalla realtà.

Si potrebbe pensare che io sia diventata pazza, ma non è così! Mi sento solo al sicuro e ho la sensazione di essere invulnerabile. Quasi ti dispiace andartene, perché non sai cosa ti aspetterà una volta uscita. Non so se succede anche agli altri, forse sono solo fisime mie. Chi lo sa?

Al momento non ci penso più, anche perché oggi ho avuto tante visite. Sono veramente stanca. Forse ho parlato troppo. Faccio fatica anche a fare i miei soliti passi. I piedi mi sembrano di piombo… meglio riposare un po' ed andare a letto presto.

Dopo una dormita favolosa – dalle 21:30 alle 6:30 – mi sento come nuova. Ciò nonostante ho un po' di giramenti di testa. La pressione è un po' bassa. Spero non mi venga l'influenza che oramai fa strage ovunque. Auguro una "Buona domenica a me!"

Mi ha fatto visita mio fratello con la famiglia. Sono venuti dall'Austria. Mi fa piacere quando vengono anche da là. Faccio un po' di fatica, perché devo parlare abbastanza e loro si sono fermati per tre, quattro ore. Mi riposerò dopo.

Anche questa notte ho fatto una bella dormita, però ho avuto caldo e sudavo. Per il resto tutto normale. Mi hanno tolto i punti vicino la cannula. Sanguinava un po', ma niente di grave.

Con la pulce nell'orecchio di poter andare a casa, mi preparo a questo evento. Mi sento un po' più felice adesso. Me ne rallegro, quasi. Vedremo come mi troverò una volta a casa, dopo un mese o più che mi trovo in reparto. Con il mangiare vado bene (ancora tutto frullato), con il bere abbastanza. Devo solo concentrarmi al massimo e seguire a puntino le istruzioni.

*

Oggi è il primo marzo e sono qua da un mese e una settimana. Se penso bene, è passato davvero molto tempo, ma quasi non me ne sono accorta. La visita medica è andata bene. Il dottore ha controllato, come sempre con grande scrupolosità, la gola, la cannula... insomma, tutto. Forse domani sarà il grande giorno del rientro a casa. Me l'ha detto proprio lui durante la visita. Da quando si è iniziato a parlare di tornare a casa, non ne vedo l'ora, anche se non mi hanno mai detto precisamente quando sarà. Spero sia domani. Rischio di rimanerci male: ora sì, poi no, poi sì... Speriamo non succeda.

Le visite dalla psicologa mi fanno prendere davvero coscienza del mio passato e questo mi rende più serena e cosciente del mio vissuto. È davvero una grande risorsa e penso che sarà per me un valido strumento verso la guarigione definitiva. Ti senti pulita dentro e fuori. Continuerò le sedute con lei anche dopo il mio rientro a casa.

La dietologa mi ha consegnato il "kit" di partenza ed abbiamo fissato anche la data per la prossima visita. Aumenterò di peso – sono ancora ferma a sessantadue chili! Dovrei arrivare almeno a sessantacinque chili. "Ma sì, ce la farò! Sono una buona forchetta e non vedo l'ora di cambiare menù – lascerò dietro di me la purea di patate! Non ne posso più! Sempre quella! Uffa! Farò tutte le leccornie del mondo, ed anche se le devo frullare, non importa!" La giornata è stata veramente positiva.

La partenza per casa

Ho dormito tutta la notte senza svegliarmi. L'ultima visita da ricoverata, perché oggi rientro a casa. Benissimo. Mi danno anche l'aspiratore (senza quello non potrei muovermi).

Da un lato sono contenta, dall'altro mi sembra strano. Fuori soffia un vento forte. Mi sembra glaciale. Speriamo smetta, quando dovrò uscire.

Aspetto la lettera e saluto tutto il personale presente. Mi saluta anche il primario. Può essere orgoglioso di questo reparto: c'è tanta professionalità e umanità, allegria e responsabilità. Sarà anche merito suo. "Penserò sempre a come io sia stata fortunata ad essere curata, seguita ed assistita da queste persone così speciali, e non smetterò mai di ringraziarle. Forse ogni tanto sono stata un po' invadente, perdonatemi, ma mi sono trovata così bene. Spesso, forse, ci dimentichiamo che siamo proprio noi a chiedere troppo a loro. Non hanno mica solo un paziente!"

DI NUOVO A CASA

Dopo l'uscita dall'ospedale, il due di marzo sono tornata alla mia vita di sempre. Non sono ritornata subito a lavorare, perché dovevo ancora affrontare la radioterapia che avevo concordato su suggerimento del primario e del dottore che segue il *follow-up*. Non ho ben chiaro quello che mi aspetta, anche se da quanto mi hanno raccontato, dovrebbe essere meno invasiva della chemioterapia. Non voglio fasciarmi la testa prima di romperla, così aspetto. Ho tante cosa da fare: frullare i cibi, aspirare, pulire la cannula... poi faccio i lavori di casa, leggo e guardo TV. Strano, adesso che ci penso, la TV non mi è mai mancata in ospedale. Avrei potuto anche guardarla, ma dopo mezz'ora ero già stufa. Anche a casa non mi dice granché. Preferisco leggere, fare i sudoku, studiare lo spagnolo, ecc. Sono cambiata, quello sì. Se in meglio o in peggio non lo so, ma devo dire che mi piaccio di più.

Mio marito è un po' sconcertato. Non sa bene come aiutarmi o cosa fare. Gli dico che, se ne avrò bisogno, glielo chiederò. Voglio arrangiarmi da sola, per quanto possibile. Mi sento meno handicappata e più in forma. Lui ha già tante cose da fare: portarmi in casa la legna, lavarmi la testa (non ci riesco con la cannula ed il braccio che non riesco a sollevare più di tanto).

La radioterapia

Dopo una settimana, forse dieci giorni, mi chiamano per fare la TAC e per la radioterapia. Mi accompagna mio marito, mi presento ed il medico che mi ha consigliato di fare la radioterapia mi fa la TAC senza contrasto. Mi dice che, a scopo preventivo, si farà un ciclo di radioterapia di trenta sedute, senza però associarla alla chemioterapia. Mi costruiscono una specie di casco, stretto sulla testa e sul collo, che scende fino alle spalle. Mi viene l'angoscia: non devo muovermi e io penso solo alla cannula, la mia primaria fonte di respiro. "Se me la bloccano?" Per fortuna va bene. Non è che mi raccontano un granché e così rimango in attesa di sapere cosa succederà. Torniamo a casa.

Passano i giorni e dopo una settimana circa inizio la radioterapia. Le prime due volte mi accompagna mio marito, poi ci vado da sola. Devo dire che il "bunker" mi ha fatto molta impressione: mi viene l'angoscia solo a pensarci. Ti senti inerme, in balia degli eventi, indifeso e piccolo piccolo. Una sensazione bruttissima! Specie con questo casco sulla testa, che ti stringe; legata (quasi inchiodata) al lettino e sopra di te passa questo "coso"… non puoi fare altro che aspettare che tutto questo finisca. A me venivano i pensieri più brutti: incendio, inondazione, la porta che non si apre, ecc. Ho parlato con i tecnici delle mie paure e loro sono stati davvero gentilissimi. Hanno cominciato a parlarmi durante il trattamento, spiegandomi cosa stavano facendo. Grazie a questo, sono riuscita a superare molto meglio le mie paure. Mi tranquillizzavano sempre con delle parole di conforto. Voglio proprio fargli un gran complimento. L'ho detto anche ai medici del reparto. Ho parlato delle mie angosce anche con la psicologa e mi ha consigliato di trasformarle in rabbia. Così si riesce meglio ad affrontarle. Funziona davvero ed in questo modo ho eliminato anche molto altro dal mio subconscio. Olé! Due cose in un colpo solo!

All'inizio delle sedute si parlava di venticinque trattamenti, ma al venticinquesimo mi hanno comunicato che ne avrei dovuti affrontare altri cinque, questi ultimi più mirati. Se si deve, vada, ma non ne ero per niente contenta.

Viaggiando in corriera, ho conosciuto un signore che, già operato alla laringe, faceva la radioterapia come me. Ci siamo scambiati le nostre esperienze e, ridendo e scherzando, questi giorni poco piacevoli sono passati più velocemente. Ci sentiamo ancora per telefono o ci vediamo alle visite che facciamo ogni mese. Fra pazienti anche in ospedale ci confrontavamo, scambiando le nostre esperienze. Secondo me è molto importante parlarne; è un modo positivo di affrontare cose più grandi di noi.

Anche questa è passata. E non mi sono "bruciata", grazie alle creme ed alla costanza con cui le mettevo. Finalmente ho chiuso un capitolo.

Di nuovo al lavoro

Alla fine di giugno ho ricominciato a lavorare. Non ho ancora abbastanza voce, ma sta migliorando. I bambini sono già in vacanza e gli insegnanti sono molto carini. Mi aiutano molto. Tra breve ci saranno le vacanze estive, così avrò tempo di riprendermi del tutto.

Sono un'insegnante di sostegno e quest'anno mi occupo di una bimba con handicap grave. L'inizio dell'anno scolastico con i bimbi è andato molto bene. Loro sono più semplici nell'affrontare certe cose e si comportano da grandi, non come fanno spesso gli adulti. Gli insegnanti hanno spiegato loro che ho subito un intervento e che mi manca ancora un po' la voce. Nessuno di loro ha mai fatto domande strane. A loro è bastata questa spiegazione. Ogni tanto mi chiedono se mi sta passando o se sto bene, ma niente di più. Ho fatto anche una supplenza in classe e tutti gli alunni si sono comportati benissimo. Dicevano tra loro: "Stiamo zitti, la maestra ha poca voce." Sono consapevole che insegnare in una classe sarebbe per ora impossibile. Non ho ancora abbastanza voce e parlare a lungo mi stanca.

*

Una volta fumavo, né tanto né poco. In tutto questo tempo non ho mai pensato alle sigarette, al fumo. Non ho avuto un pur minimo desiderio o una crisi di astinenza di fumarmi una sigaretta. Strano, chissà come mai? All'inizio posso capirlo, non avrei neanche potuto farlo; mi viene da ridere solo al pensiero della sigaretta messa nella cannula. Non ho fatto nessuna fatica a smettere.

Al momento ho ancora la cannula. Mi verrà tolta non appena riuscirò a respirare bene senza.

IL PERIODO
DEGLI INTERVENTI LASER

Il primo intervento laser

A novembre ho fatto un altro intervento, un intervento con il laser, questa volta per ridurre l'edema che si era formato sulla laringe. Ora respiro meglio, ma non basta ancora. Devo solo avere un po' di pazienza e sicuramente risolveranno anche questo problema. I medici che si occupano di me sono in gamba! Altro che mala sanità. C'è anche quella buonissima!

Una volta al mese vado a fare la visita di controllo, di tanto in tanto l'ecografia o l'esame del sangue. Per il momento è tutto ok.

Ve lo posso proprio dire: "Quest'anno è passato molto velocemente!"

*

Ah, i capelli! Anche il lato estetico ha il suo valore. Durante la lunga degenza mi sono cresciuti tanto. Così "belli, lunghi" e senza più un minimo cenno ad un taglio, ma prima di tutto più bianchi che colorati. All'inizio pensai che una volta uscita me li sarei fatti tingere... o meglio… mi sarei fatta fare tutto il necessario per tornare in forma. Ma durante la radioterapia il medico di base me l'aveva sconsigliato. E poi… mi ero abituata a vedermi con questo bell'argento nella chioma. Pensandoci un po' mi sono detta: "Terrò il mio colore naturale". Mi faccio fare un paio di *mèches* bianche e grigio scuro... e vai così!" Alla parrucchiera c'è voluto un po' per accontentarmi, ma ora il nuovo look mi piace. Mi sento bene.

*

Una volta ogni due mesi, come previsto dal "follow up", continuo con le visite. Per il momento tutto procede bene: non ci sono state né recidive né hanno trovato noduli sospetti. Quando ho rifatto la TAC, dopo un anno circa, qualche pensiero non del tutto positivo mi affliggeva. Nella mente mi frullavano pensieri come:

"… e se trovano qualcosa?"

"Chissà se va tutto bene…"

"… e se il tumore si ripresenta? Mi possono richiudere lo stesso?"

D'altro canto però mi dicevo: "No, non può esserci nulla che non vada. Sto veramente bene: il colorito non è male, il peso è quasi troppo giusto (ora non devo più aumentare!)". Osservando il mio corpo mi sono messa il cuore in pace e mi sono detta: "Non devo preoccuparmi di cose che devono ancora avvenire. Se non c'è niente di patologico, mi sono preoccupata per niente; se ci fosse, almeno avrò passato una settimana tranquilla. Devo affrontare le cose al momento giusto!" Ho aspettato l'esito dell'esame in tranquillità. Il risultato: negativo – né recidiva né noduli sospetti. Ho fatto un bel sospiro di sollievo! Come mi sono sentita sollevata, bene.

Alla prossima visita devo ricordarmi di chiedere quando è prevista la "chiusura", ovvero, quando mi verrà tolta la cannula. Ad essere sinceri, un po' inizia a darmi fastidio. Non è tanto per la cannula in sé, ma per tutto l'annesso e connesso ad essa. Sogno di andare in ferie: ma dove vado con la cannula? Al mare? No. C'è la sabbia e l'acqua salata che mi potrebbe entrare… in città? Mmh, con le polveri sottili… in montagna ci abito! Ed in ogni caso, ovunque io sia diretta, dovrei portarmi dietro l'aspiratore e tutto l'occorrente per le pulizie… e non è tanto piacevole.

Non parliamo poi del clima! Questo inverno ho sofferto tanto per il freddo: scendeva giù come un ghiacciolo! Ultimamente, con questo lungo periodo senza pioggia, ad essere molesto è il secco: ti gratta in gola, ti fa sentire asciutta dentro come se fosse carta vetrata. Stavo bene solo a casa con l'umidificatore acceso. Adesso, ciliegina sulla torta, ho un raffreddore fortissimo, la gola mi duole molto – come se ci fosse il fuoco dentro! Ogni giorno faccio i fumenti con acqua e bicarbonato oppure con acqua e fiori di sambuco. Un po' giova, perché mi fa respirare meglio.

Il periodo secco non sembra mollare! Scherzosamente… la mia pazienza, al contrario, ha un limite! A pensarci bene, però, sapranno ben loro quello che va meglio per me… in fondo, prima o poi arriverà il giorno in cui potrò porre fine alla cannula.

Mi faccio forza pensando alla gente che sta peggio di me, a quelli che non hanno speranze, che soffrono veramente tanto. Tutto sommato non è che possa lamentarmi più di tanto. Faccio quello che ho sempre fatto: lavoro, leggo, faccio delle camminate (forse meno lunghe, ma a cadenza più regolare), riesco a mangiare tutto senza dover frullare, vedo gli amici, ecc.

*

Il tempo passa, ed intanto dal primo intervento con il laser un anno se ne è andato. Ogni volta che andavo a farmi visitare speravo di sentirmi dire: "Facciamo un altro intervento"… ma mi ci è voluto un anno. Non ho mai insistito, né l'ho chiesto esplicitamente, perché non dipendeva da me. La mia fiducia nell'équipe è sempre presente e continuo a sentirmi trattata molto bene. Dopo le visite faccio quasi sempre una scappatella al sesto piano a salutare tutto il personale. Sono veramente bravi e cordiali.

*

Passato tutto questo tempo dall'intervento, volendo essere sinceri, il "collare" che tiene la cannula in posizione inizia ad andarmi stretto. Mi sento un po'... come dire... "al guinzaglio". Sono proprio stanca di averlo; ora che sto così bene vorrei tornare alla mia vita di sempre. Mi mancano certe cose: il mare, il nuoto, i viaggi all'estero, ecc... Vado due, tre giorni da qualche parte in Italia o in Austria, ma mi secca portare con me tutto il necessario: l'aspiratore, i bavaglini, ecc... Poi, se qualcosa mi va di traverso e devo tossire, quasi quasi mi sento a disagio. Ogni tanto mi ci vorrebbe un lenzuolo a portata di mano per riuscire a schermare tutto! Non si sa mai da dove può uscire il muco. Quello che durante quest'anno mi ha dato più fastidio erano gli sguardi pietosi quando dicevo che prima o poi mi verrà tolta la cannula. Tanta gente ti guarda come per dire: "Sei l'unica che ci crede... ma non vedi... povera!" Questo ti dà veramente fastidio. Sul lavoro, invece, non ho avuto problemi. Facendo sostegno non ho bisogno di parlare ad alta voce a tutta una classe. Per questo non mi stanco troppo, anche perché mi piace tantissimo ciò che faccio. Mi dà grandi soddisfazioni e la bimba che seguo è veramente un tesoro.

*

Durante la visita di ottobre si parla di un nuovo intervento con il laser. Finalmente si è deciso di intervenire per farmi respirare meglio! E chissà... magari è arrivato il momento in cui mi toglieranno la cannula? Mi ha visitata anche il primario, per vedere il da farsi. Normale, direi, considerando che sarà lui a decidere come procedere. Sono solo due le persone a cui lascerei mettere mano alla mia gola. Sono un po' fissata su questo, ma è una questione di assoluta fiducia, per altro già collaudata. Solo loro due conoscono molto bene tutta la storia e la mia gola.

È molto importante che ti segua quasi sempre la stessa persona, soprattutto nei momenti cruciali. Non devi spiegare sempre tutte le cose, conosce te e le tue reazioni. Non è facile realizzare questo, ma penso che si dovrebbe fare. Lo fanno anche in altri paesi. Il tumore, una patologia alquanto grave e delicata, ha bisogno di punti di riferimento.

Il dottore mi parla anche dei dolori che sicuramente proverò dopo. Me lo dice in maniera professionale ed umana, e questo mi rassicura abbastanza così da riuscire ad affrontare l'intervento con tranquillità. È molto importante che ti vengano dette le cose così come stanno, ed anche la maniera con cui ti vengono dette. Ogni tanto basta un nonnulla per farti piangere o per farti vedere le cose in maniera negativa. Talvolta sono un po' permalosa, me ne rendo conto, ma mi sento insicura... e se non mi danno le risposte a ciò che ho chiesto, mi sento debolissima, e... giù lacrime. Uffa! Faccio fatica poi a bloccarle. Per fortuna, però, mi è successo solo una volta.

*

Ed ecco – l'intervento laser numero due

Tutta contenta mi faccio ricoverare. Non mi pesa, anche perché oramai conosco tutti e mi sento quasi a casa. D'altronde mi sento quasi in ferie – ferie prepagate s'intende. Sono pronta, e spero vivamente che sia l'ultimo intervento. Sono molto speranzosa, anche se, come sempre, mi fa paura l'anestesia. Prima di questa chiedo di poter salutare il primario; lui lo fa ed io mi sento rassicurata. Mi faccio addormentare con tranquillità.

L'intervento è stato un po' più lungo del previsto, ma è stato fatto qualcosa in più. Oltre l'edema mi hanno "limato" anche la lingua. Come farò adesso senza la mia lingua lunga? Ah, no! Per fortuna è ancora qua. Con quel suo pizzico biforcuto che non ha mai guastato.

Dicono che saranno dolori per i prossimi giorni e nelle settimane a venire. Non so a cosa andrò incontro. Il pensiero di avere tanti dolori non mi alletta per niente. Chi sa come riuscirò a mangiare, a parlare, ecc... e deglutire? Sarà difficile? Mi andrà di traverso il cibo? Sbaverò? Se solo penso al cibo, già mi scendono i sudori. Almeno oggi giorno esistono dei rimedi farmacologici e non dovrò soffrire inutilmente. In fondo, in fondo... non sono poi così eroica.

Quanto catarro! Non ne posso più! C'è un'infezione? Magari si è incastrato un filo di garza o qualcos'altro? O forse è semplicemente il normale decorso delle cose. Quanto odio le garze! Ci sono fili ovunque. La signora del letto accanto è molto dispiaciuta per le mie condizioni, ma di questo vi racconterò dopo.

Durante i primi giorni, per poco più di una settimana, non mi hanno dato da mangiare in maniera tradizionale. Mi nutro attraverso una flebo: un sacco riempito con una sostanza bianca. Non ho fame e non mi viene l'acquolina per nulla. Le mie povere vene! Ne salta una ogni due giorni... qualche volta anche una al giorno. Sembro una tossicomane "vecchia scuola"! Bucata da ogni parte. Ma per fortuna non sento tanto i dolori. Mi chiedo solo se ci sono abbastanza vene disponibili! Dopo qualche giorno comincio a guardare l'ago con sospetto. Devo fare dei respiri profondi. La ginnastica rilassante mi aiuta molto in questo: ho fatto un corso con la psicologa dell'oncologia e devo dire che i suoi insegnamenti vanno proprio benissimo. Lo consiglierei a tutti perché penso che possa aiutare veramente, specie nei momenti particolari. Se non mi rilasso sono dura come uno stoccafisso prima della cottura! E chi lo infila l'ago poi? Penso: "Ci siamo... non ci siamo? La vena si ritira? Speriamo che vada bene". E i poveri infermieri sono realmente dispiaciuti... ed io per loro. Sicuramente non è colpa loro. E intanto continuano imperterriti nella dura ricerca della vena sperduta...

Ora mi sento più libera in gola. Ma non ancora abbastanza da riuscire a respirare a sufficienza. Mi dico: - Migliorerà in seguito. Un po' di pazienza e tutto si risolverà. Sono fiduciosa. Spero tanto che questa sia l'ultima volta. Ma una vocina mi dice: "E se non lo sarà...?"

*

Adesso voglio raccontare il piccolo episodio divertente con la mia compagna di stanza, una vecchietta simpatica e molto arzilla. Questa mi vede aspirare il muco, si mette le mani davanti alla faccia e dice solo: "Ohi Ohi Ohi... povera. Pregherò per te". Ed inizia a pregare. Dentro di me penso: "Beh, se preghi anche per me sicuramente male non fa". Così va avanti per tutta la sera e prosegue alla stessa maniera anche la mattina seguente: "Ohi Ohi Ohi... povera. Ma che roba... Ohi Ohi Ohi. Non posso dirti neanche un Buon Appetito! Ohi Ohi Ohi... prego per te. Ohi Ohi Ohi... ma che vita è questa. Mi dispiace tanto per te". Arriva l'ora in cui la signora verrà dimessa. Prima di andare, però, vuole donarmi un aneddoto. "Mio fratello è stato nelle stesse tue condizioni. Povero... ha sofferto come te. Il povero aveva un tumore in gola, come te. Ed infine..." aggiunge, con un ultimo e proverbiale Ohi Ohi Ohi "qualche anno fa è morto". "Mmmh... ma che ventata di ottimismo vuole regalarmi la signora!" penso. Mi sono fatta una sana risata e mi sono detta che questo discorso e questo aneddoto, non potranno che portarmi sicuramente fortuna. In fondo... a cos'altro avrei dovuto pensare!

*

Mi chiamano per la visita mattutina. Dicono che devono cambiarmi anche la cannula. Avevo quella con il palloncino e ora mi metteranno quella finestrata normale. Un giovane medico mi dice di sdraiarmi. Ma perché? Che cosa mai dovrà fare? Chissà che visita complicata dovrà farmi. Mi sdraio, un po' con sospetto ed un po' incuriosita... ma anche un po' preoccupata! Mi mettono il telo verde sopra, metto le braccia ai fianchi ed aspetto. Mi sento una mummia prima di... boh, non saprei neanche dire prima di che cosa. Ma non succede nulla di strano: semplicemente il dottore mi cambia la cannula. Sarà un metodo nuovo, ma non mi era mai capitato di vederlo fare in questo modo. Rimango perplessa. Soprattutto perché a casa, per pulirla, sono abituata a levarmela ed a mettermela stando in piedi. Come potrei mai riuscirci da sdraiata? Mah... In due anni... mi mancava proprio.

Ho provato a mangiare: un vasetto di polpa di mele, sotto l'occhio vigile del medico di turno e dell'infermiera. Devo dire che è andata bene. Nessuna complicazione come tosse, ecc. Sono contenta di poter tornare a mangiare normalmente. Così finalmente mi leveranno il sacco, mi potrò gustare il cibo e... riuscirò a salvare anche qualche vena Potrò andare in giro più libera, anche se, nonostante il sacco, continuo lo stesso ad andare su e giù per il corridoio. Devo fare i miei mille passi giornalieri, per non indurirmi troppo. Sento che mi fa bene muovermi un po'. Se sto sempre sdraiata o seduta mi fanno male perfino le chiappe.

Anche il catarro sembra stia diminuendo. Era ora! Mi fa quasi senso, anche se è il mio. Ma non posso farci niente. Ribadisco che ho avuto sempre questo problema. Se mi agito, ad esempio, mi viene da tossire, mi "intaso" e produco catarro come una fabbrica. Brrrr. Al momento sembro una vecchietta che ha tirato troppo tabacco di naso! Sputo, sputo, sputo.

Sono due giorni che mi alleno a mangiare. E va meglio di quanto pensassi! Se riesco a mangiare tutto potrò andare a casa. Sono stati fatti gli RX al torace, ed anche i polmoni risultano a posto. Ho fatto anche un'ecografia al collo, anch'essa negativa. Che belle notizie!

Questa volta sono stata ricoverata per dieci giorni. Tutto sembra essere andato bene. Ma il respiro? Non mi sembra ancora abbastanza. Intanto torno a casa e mi riprendo. Seguo tutte le indicazioni alla lettera. Sto al calduccio, parlo poco, riposo, ecc. Non è mica facile per me stare zitta! Che barba! Col cibarmi va abbastanza bene, anche se spesso mi va di traverso qualcosa. Non che deglutisca diversamente del solito, ma mi viene solletico in gola, poi devo tossire e mi fuoriesce materiale dalla cannula e tutt'attorno. Non è proprio una sensazione piacevole, ma non ci posso fare niente. Provo a tenere la testa piegata un po'... ma niente. Provo ad alzarla... ma niente. Provo diverse posizioni... ma niente ancora. Non è però sempre uguale. Per esempio, a colazione va benissimo: sono sola, riposata e concentratissima. Nessuno mi parla, perché nessuno si alza alle cinque o alle sei come me. Così ho imparato a godermi questo periodo del giorno, con tutta la sua calma ed il suo silenzio. A mezzogiorno ed a cena, invece, mi succede di tutto. Non so spiegarmelo, forse sono più stanca, meno concentrata, un po' distratta...

Alla prima visita dopo l'intervento il medico mi chiede dell'esame istologico. Non so cosa rispondere, dal momento che non ne so niente neanche io. Probabilmente non ho prestato abbastanza attenzione a ciò che mi dicevano all'ospedale durante le visite. Considerando che non ho avuto notizie, sicuramente non c'è niente di cui preoccuparsi, così non ne faccio un problema. Per il resto procede bene, anche se sono ancora piena di catarro. Per questo il medico mi ha prescritto l'aerosol.

A Natale, dopo le feste, decido di passare qualche giorno da mia zia in Austria, per andare a trovare amici e parenti. All'inizio tutto bene, ma dopo due giorni comincio a risentire dell'aria troppo asciutta in appartamento, nelle case ed anche all'aperto. Non si raggiunge mai più del 35% d'umidità e la sera del secondo giorno mi sono ritrovata con un filo di voce. La mattina dopo non c'era quasi più. A malincuore, decido di tornare a casa e riposarmi. Peccato! Mi faceva bene un po' di vita mondana... sarà per la prossima volta.

*

Dopo le feste ritorno alla mia consueta routine: scuola, casa... niente di esaltante. Le visite procedono bene, anche se non riesco ancora a respirare come dovrei. Spesso lascio la cannula chiusa con il tappo per diverse ore, mi pulisco ai pasti e dormo anche così. Talvolta mi sveglio durante la notte con il tappo in mano, quasi come fosse un trofeo. Dovrò trovare un sistema per non poterlo più fare: proverò a mettere un foulard più stretto e ben annodato. Vedremo se funziona.

Al lavoro è il solito tran-tran. Arrivato il periodo dell'influenza, mi ammalo anch'io. Mi sono cuccata quella forma orrenda di gastroenterite che sta girando... ma anche quella passa.

Con il tempo che fa, sempre freddo e con la neve, riesco a fare poche fughe in Austria. Sto al calduccio a casa, un po' mi annoio e un po' faccio qualche lavoretto... ma non grandi cose. I tempi delle eterne corse sono passati: ora mi rilasso, prendo le cose con più calma e mi godo il mio tempo libero... ma soprattutto ho anche imparato, e non mi sembra ancora vero, a non fare nulla.

Con la respirazione non funziona ancora tutto a dovere: devo spesso soffermarmi e concentrarmi facendo dei profondi respiri. Non sempre riesco a tenere la cannula chiusa per tutto il giorno. Incomincio a preoccuparmi davvero: "... e se non riescono a chiudermi?" Non ci voglio pensare e tantomeno rassegnarmi o arrendermi. E che cavolo! Deve esserci una possibilità!

Alla visita di metà aprile il medico mi parla della mia situazione respiratoria e mi fa notare che al momento non è possibile togliermi la cannula, considerando che non sono ancora in grado di respirare autonomamente in sicurezza.

Il terzo intervento laser – in trasferta

Mi propone, in accordo con il primario, di recarmi ad un altro ospedale per un consulto. Rimango un po' sbalordita e naturalmente la mia faccia è tutta un programma! Il medico cerca di tranquillizzarmi e in parte ci riesce. Scherzosamente mi dice di non sentirmi spedita da un'altra parte come se fossi un pacco postale. Mi passa per la mente la faccia di chi apre il pacco e fuori esce una "signora stagionata, ma arzilla"!

Però… c'è un però! Prima di avventurarmi a fare il consulto, ad ogni costo devo andare in Spagna. Sono invitata ad un matrimonio e non posso mancare. Al lavoro ho già le carte in regola, il biglietto aereo pagato e tanta, tanta voglia di evadere dalla routine. Il medico mi dice che non ci sono problemi. La visita si può fare anche dopo. Detto fatto, finisco di preparare i miei bagagli e si parte!

Mi sono divertita moltissimo in Spagna anche se, a dirla tutta, non è sempre facile con la cannula, quando ti trovi a mangiare fuori casa, a passeggiare, ecc. Nonostante ciò, ne è valsa la pena. Mi piacerebbe passare la vecchiaia in Spagna – ci penserò in futuro. Ho ancora almeno cinque anni di lavoro davanti a me. Uffa!

Dopo il mio ritorno, pronta ad affrontare la nuova avventura, mi faccio viva con il medico dell'ORL e ci accordiamo per risentirci non appena stabilito un incontro con i colleghi dell'altro ospedale. Vengo chiamata. Parto.

Mi visita il primario e mi dice che non ci sono grandi cose da fare, un altro laser e niente di più. Detto da lui sembra semplicissimo, ma se penso al dolore che ne consegue, al dovermi riabituare nuovamente a tutto... la cosa non mi rallegra molto. Sono anche preoccupata per la mia voce. Non voglio neanche pensarci! Si stabilisce l'intervento per dieci giorni dopo. Mi preparo psicologicamente – non è facile cambiare ospedale, perché dove ti sei trovata bene, ti senti protetta e hai la sensazione che non ti possa succedere niente di brutto. Qualcuno mi ricorda un vecchio detto: "Il primo amore non si scorda mai". Mi viene da sorridere e, a pensarci, è proprio così. Un po' alla volta mi faccio coraggio. Anche il dottore che mi segue mi ha aiutata, assicurandomi di essere in ottime mani.

Durante il tragitto, e per la verità già a casa, mi sono passate per la mente strane idee, come: "... E se non mi presentassi? Se andassi in marina, come a scuola, quando c'era un'interrogazione e non avevo studiato? – A dirla tutta, sono sempre stata troppo fifona per farlo spesso – ... e se andassi a farmi un giro a Venezia?" Tutte idee, ma nessuna realizzabile.

Considerato che c'è un po' di strada da fare, mi sono alzata alle tre circa. Una volta arrivati, mi sono sottoposta ai soliti test clinici pre-intervento. Il dottore che compila la cartella clinica è simpatico e, con l'ausilio di alcune foto, mi spiega tutto dell'intervento, ed in che zona verrà fatto. Parliamo anche della voce e delle mie preoccupazioni che la riguardano. Cerco di fare presente che, se per caso qualcosa andasse storto e mi ritrovassi senza voce, sarei professionalmente morta: considerando che faccio l'insegnante di sostegno la mia voce è particolarmente importante. Mi spiega che inizialmente, la voce si abbasserà un po', per tornare circa come lo è ora dopo qualche tempo.

Gli esami vanno bene. Ho quasi finito, mancano solamente i raggi x al torace ed il colloquio con la dottoressa dell'anestesia.

Qua cominciano i guai: mi trovano, niente popò di meno che... una polmonite! Ci mancava anche questa! Mi fanno visitare anche dallo pneumologo e questo mi prescrive una cura. Salta così l'intervento. Mogia mogia torno a casa. Rimango a casa dal lavoro dopo essere passata dal medico di famiglia ed a prendere le medicine prescritte. Dopo qualche giorno rifaccio i raggi x e... sembra che la polmonite non mi sia ancora passata del tutto. PANICO! Il medico di famiglia mi fissa un appuntamento per fare una TAC col contrasto. Sono preoccupatissima: "... e se mi trovano metastasi?" Chissà... non ci voglio pensare. Così passano le giornate, tra alti e bassi. Fatta la TAC, il dottore che l'ha eseguita mi dice subito che non c'è più la polmonite. Sollievo! Per l'esito scritto bisogna comunque aspettare. Considerando che ho rimandato un'operazione e visto che ho già fatto tutti gli esami preparatori per l'intervento laser in gola... fortunatamente mi danno l'esito il giorno seguente.

Spedisco la documentazione ricevuta all'altro ospedale e mi fissano un nuovo appuntamento.

Questa volta vado là tranquilla e serena. Mi fanno l'intervento con il laser e passo la notte lì. Il dottore che ha eseguito l'intervento è stato molto gentile e mi ha spiegato cosa aveva fatto. Ora si presume che io abbia abbastanza aria da respirare, visto che la zona in questione è stata allargata di molto.

Seguono, a cadenza settimanale, altri tre brevi interventi: le cosiddette "toilette". Durante la toilette vengono rimosse le "crostine" che si formano durante la guarigione perché se lasciate lì, rischierebbero di ridurre nuovamente lo spazio appena ampliato. Il mio povero fisico: quattro anestesie totali in un così breve lasso di tempo!

È vero, adesso ho abbastanza aria per respirare e riesco a tenere sempre il tappo alla cannula, ma vi confesso che la deglutizione è diventata molto, molto difficile. L'acqua mi va quasi sempre di traverso e con il cibo devo stare attentissima! Un po' mi sento persa, perché non so più mangiare. Ogni tanto sembro un ruminante che rigurgita! E quando accade, credetemi, faccio veramente schifo, anche a me stessa. Per questo motivo non vado più fuori a mangiare o bere qualcosa con gli amici. Un po' mi vergogno, ma soprattutto non mi sembra il caso di renderli partecipi del mio ruminare. Se vado a trovare qualcuno, scelgo di non accettare né bevande né cibi. Trovo semplicemente delle scuse. Mi sentirei in imbarazzo. Passerà, mi dico... e non sarà per sempre così, penso... ma è comunque dura.

Decido di parlarne con il dottore dell'altro ospedale, che mi combina un incontro con la logopedista. La dottoressa mi fa vedere come io debba allenarmi a bere direttamente da sotto il rubinetto per imparare a sentire il riflesso della deglutizione e riuscire così a deglutire meglio. Inoltre, per rafforzare le corde vocali, mi insegna degli esercizi: devo pronunciare una sorte di mantra: "ak, aka"... Non posso negarlo! Questa parte è quella che rischia di suscitare più ilarità: pensate voi ad una persona che, nell'intimità del suo giardino, si alleni a fare degli inconsulti vocalizzi! Infine mi consiglia di andare da una logopedista nelle mie vicinanze. È un ottimo consiglio: sono conscia anch'io che se non riesco mangiare e bere come si deve, non mi possono chiudere... e se non alleno la mia voce, sul lavoro sarebbero guai. Attualmente parlo con una voce molto bassa; è più un bisbigliare che un parlare vero e proprio.

Tornata a casa informo il mio medico curante e quello dell'ORL. Quest'ultimo mi promette di cercarmi una logopedista disponibile. La settimana seguente ha già fissato un appuntamento per me. Grande!

Qualche giorno di smarrimento

Per dire la verità, mi sono trovata un po' impreparata ai nuovi ostacoli. Non si è mai parlato della possibilità di trovarmi davanti a qualcosa più grande di me: non saper più deglutire o bere, ad esempio... le cose più elementari e basilari. Lo sconforto è stato abbastanza grande, o meglio dire pesante, visto che prima mi arrangiavo egregiamente. Ora qualsiasi cosa mi metto in bocca, mi fuoriesce da qualche parte o mi va di traverso. Inciderà anche la non accettazione della nuova sfida: l'impotenza toglie la fiducia nelle mie capacità di agire e di voler risolvere le problematiche che mi si presentano.

Mi vedo come un corridore... corro e corro per arrivare alla meta... quando vedo in lontananza il traguardo, o almeno così penso... zac... mi si presenta un'altra sfida. E io corro, mi adatto – penso di esserci riuscita anche egregiamente – ma quando ti cade addosso continuamente una nuova sfida... chiunque rimarrebbe un po' perplesso, irato (per non dire inca....o), giù di giri ecc. "... quando finirà davvero?". Ti passano per la mente tante di quelle cose, che ti confondono le idee, ti spaventano; insomma non sai più cosa pensare. Perdi la fiducia nel tuo fisico, la fiducia e la convinzione di potercela fare.

Per fortuna sono seguita da chi mi mette nelle condizioni di riprendermi, di crederci ancora e perciò di affrontare nuovamente le avversità della vita. Mi sento incoraggiata, aiutata e, soprattutto, capita.

Adesso mi sto allenando a deglutire, bere acqua sotto il rubinetto, fare esercizi per rafforzare i residui delle corde vocali, ecc. Si potrebbe quasi dire che sono tornata alla "normalità". Mi autoconvinco di potercela fare e così mi sento forte.

Anch'io, d'altronde, sono un essere umano: ho le mie fisime e le mie giornate no... ed in questo momento mi sento particolarmente "umana".

Chissà quando sarà il grande giorno della chiusura? Ovvero il giorno in cui mi verrà tolta la cannula... Mi dicono "Hai fatto trenta... fai anche trentuno". Beh, in effetti ed alla luce dei fatti... mi sa tanto che dovrò proprio fare così.

*

Inizio il lavoro con la logopedista, una professionista molto brava e preparata, simpatica e paziente. Già dopo la terza seduta la voce è tornata quasi normale: più forte e chiara, anche perché la pronuncia è notevolmente migliorata. Ora ho meno problemi anche per cibarmi. Dopo qualche seduta mi sento in gran forma... soprattutto perché non sputacchio più ovunque – stavo diventando quasi un pericolo per il prossimo! Dalla cannula piccola mi usciva il cibo a tradimento, come un missile! E guai se il foulard non fosse stato allacciato bene! Provate a immaginare che scena! Se ci penso, ora mi viene anche da ridere, ma in quei giorni evitavo perfino di uscire di casa per andare a bere un caffè al bar, rinunciavo alla pizza, ecc.

Dopo un mese torno all'altro centro ospedaliero per fare un ulteriore controllo. Il dottore mi dice che sono guarita bene e che ora passa abbastanza aria per poter respirare in sicurezza. Click! Una bella foto alle mie corde vocali (una è po' mutilata), e poi... una grande sorpresa: mi tolgono la cannula! Yuppiii! Una giornata memorabile. Mi dico: "È fatta!". Sorrido dentro e fuori. Sono euforica! Mi avvertono che il buco si chiuderà da solo. Poi mi danno tutto l'occorrente per poterlo chiudere con la garza, mentre aspetto il naturale decorso degli eventi. Mi mostrano come va fatto e armata di spirito positivo torno a casa.

Continuo con le sedute, con gli esercizi di logopedia e faccio ginnastica per la spalla: gli esercizi sono molto simili, alcuni uguali. Così passo le giornate facendo "sport". Mi ci vogliono circa due ore o più al giorno per eseguire tutto. Ci vuole costanza, tempo e tanta volontà. All'inizio mi stancavo abbastanza, mi pesava, ma poi è diventa un'abitudine. Ora mi piace proprio. Penso ai lati positivi: sarò palestrata dalla vita in su! Mmmh, il problema è il budino sottostante! Dovrò aggiungere qualche esercizio anche per gambe e glutei. Mi stanno crescendo muscoletti di un certo livello alle braccia, ho le spalle più dritte… Non posso mica essere in forma solo a metà!

Mi passa per la mente una grossa domanda. Come si riuscirà a capire se avrò abbastanza aria per essere "in sicurezza" se non posso controllarlo adesso? E se non c'è? La garza e il cerotto di carta fanno passare sempre un po' di aria. Non chiudono ermeticamente. Ho provato anche a mettere un po' di pellicola trasparente tra i vari strati di garza, ma non sembra cambiare niente: da qualche parte passa aria (il cerotto si stacca ai bordi, ecc). Lascio perdere. Non voglio complicarmi la vita. Penserò a qualche nuova tattica e poi si vedrà.

Una bellissima attività che offre l'oncologia del nostro ospedale è la ginnastica rilassante condotta dalla psicologa. Mi dà molta carica, mi toglie le tensioni e si può fare anche da soli a casa. Ti fa sentire davvero bene e ti rilassa, tanto che poi quasi sempre mi addormento: non perché ho dormito poco la notte, ma perché mi sento in pace con me stessa. In più, siamo pure un bel gruppetto e anche quello aiuta.

*

Siccome sono convinta che per poter stare veramente bene e guarire definitivamente è necessario togliersi dalle scarpe tutti i sassolini, sassi, pezzi di roccia, granelli di sabbia, ecc... sto lavorando molto su di me, sulle mie paure inconsce, i miei problemi personali più intimi, il mio modo di affrontare le problematiche (non sempre in modo abbastanza assertivo). In tutto questo mi aiuta **la psicologa** – è in gambissima – e posso dire che adesso mi sento già molto più serena e felice. Stiamo facendo un bel programma! Lo trovo molto importante, perché da soli non si riesce. È inutile ostinarsi a dire che non ne hai bisogno! Ne hai bisogno eccome! Spesso non ci si rende conto che si gira e rigira attorno ai problemi, sprecando solo tempo e preziose energie, per poi non risolvere alcunché. Io ho deciso di fare piazza pulita in ogni angolo. Che bello poter parlare di tutto con una persona che non ti giudica, alla quale puoi dire tutto senza dover aver paura di mettere un'altra persona a disagio, spiazzarla, offenderla, o rischiare di non essere capita. La possibilità di poter parlare a ruota libera con qualcuno infatti, già di per sé riesce a darti un input positivo. Altre volte, una semplice chiacchierata può addirittura fornirti la soluzione che cercavi... e ti chiedi come non ti fosse mai venuta in mente prima.

La mia voce

Già da un po' di tempo mi frulla in testa di parlare del problema che avevo con la mia voce dopo l'intervento.

Effettivamente è stata una vera e propria impresa dover accettare e soprattutto capire la mia "nuova" voce. La chiamo nuova, perché con quella che avevo prima del grande intervento ha poco a che fare. All'inizio non ci pensavo, avevo tante cose da imparare, da provare, da accettare... tanto che la questione della voce non mi sfiorava neppure la mente.

Dopo un po' di tempo però, mi sono resa conto che non riuscivo ad inquadrarla: non sapevo se parlavo ad alta voce, se bisbigliavo, se il tono era adatto alle circostanze... Percepivo tutto in modo strano – come se non fossi io a parlare. Gracchiavo, parlavo in modo difficilmente comprensibile, persino per me – figuriamoci per gli altri. Non c'era feeling tra me e questa nuova voce. Avevo quasi paura che anche il mio udito facesse "cilecca". Ho provato a registrarmi per poi riascoltare la mia voce. Almeno In questo modo mi sono resa conto che la questione non era poi così grave. Non so se sono riuscita ad esprimere ciò che provavo, non è semplice trovare le parole giuste per descrivere questo stato di percezione della mia voce.

Povero anche mio figlio! Ad ogni occasione (al telefono, di persona, ecc.), gli chiedevo come fosse la mia voce, di riprodurmi i decibel che fuoriuscivano dalla mia bocca. Per fortuna è una persona paziente e spiritosa!

Devo dire che oggi sono abituata alla mia nuova voce, anche se ogni tanto mi affligge ancora un po' di insicurezza in merito al suo tono – È troppo alto? È troppo basso? Mi viene sempre da ridere pensando al rischio che potrei correre durante un'uscita con le amiche se volessi mettermi a "sparlucchiare" di qualcuno o qualcosa... convinta di parlare sottovoce, quando in realtà... il tono della mia voce è normale!

Sono fatta così, cerco sempre di trovare qualcosa di positivo negli avvenimenti. Ora mi dico scherzosamente che, quando parlo a tono basso, ho una voce più seducente (ah ah ah).

Grazie alla logopedia, con gli esercizi mirati quotidiani, il miglioramento è stato, e continua ad essere sensibile. La voce mi serve per lavorare ed anche per questo è indispensabile: la devo proteggere, migliorare e curare, ma soprattutto devo imparare ad accettarla così com'è. Penso di essere sulla buona strada...

*

Il mio fisico

Vorrei parlare anche dei cambiamenti che ha subito il mio fisico dopo l'intervento. Non della gola, della laringe, ecc... bensì dei muscoli, delle spalle, ecc.

Per farla breve, queste parti del mio corpo hanno subito dei traumi e mi sto allenando per limitarne i danni.

Col passare del tempo ero diventata un po' storta. La spalla sinistra mi era scesa e questo mi dava fastidio, tanto dal punto di vista estetico che pratico. Per dire la verità, mi dava quasi più fastidio la parte estetica che quella funzionale anche se a malapena riuscivo a sollevare il braccio fino all'altezza del seno. Il mio medico di fiducia mi ha mandato a fare fisioterapia e pian pianino le cose sono migliorate. La fisioterapista era molto in gamba e ha saputo mettermi a mio agio.

All'inizio gli esercizi sono faticosi e fanno male, ma dopo un po' ti rendi conto che ti muovi meglio... e considerando i risultati, sto continuando a farli, a casa – anche questo dunque è diventato un' altro impegno giornaliero. Penso che dovrò farli per sempre. Forse avrei dovuto iniziarli molto prima e non aspettare quasi due anni! Ora faccio gli esercizi mirati per gli arti superiori e sto diventando una donna "palestrata"... adesso non mi resta che calibrare la mia "palestra" anche per quelli inferiori... mi verrà un fisico bestiale!

Un ulteriore aspetto molto fastidioso erano i formicolii, essi colpivano parte del collo e delle spalle fino alle orecchie. All'inizio mi sembrava di non sentire niente la zona: era quasi un pezzo morto, mi tiravo le orecchie e... niente... intorpidite! Era una sensazione orrenda! Mi davo dei colpetti forti sulle spalle, massaggiavo le orecchie, le spalle ed il collo per migliorare la circolazione sanguigna. Adesso è quasi normale, anche se, quando cambia il tempo, mi sento un po' indurita. Mi hanno aiutato in modo significativo i massaggi shiatsu. Oltre a rilassare le parti interessate, hanno migliorato anche il respiro, la muscolatura... Anche la ginnastica rilassante che faccio con la psicologa dell'oncologia mi aiuta molto a rilassare i muscoli, a rimuovere lo stress, a respirare ed a mantenere una postura corretta. Siamo anche un gruppetto molto affiatato e ci divertiamo un sacco. Oltre che rilassarci... quante risate!

*

A metà ottobre faccio la visita del follow up ed è tutto a posto. Che bene! Il medico mi dice di attendere la prossima visita di controllo nel centro specializzato per vedere il da farsi in merito alla chiusura del buco della mia cannula. All'inizio aveva cominciato a richiudersi un po', poi a metà strada... niente. Potevo guardare anche tre, quattro volte al giorno, ma era sempre uguale. Che noia! Un po' mi immaginavo che andasse a finire così: dopo così tanto tempo il contorno del buco sembrava ormai un'asola dal bordo grosso. Alla fine, anche se aspetto ancora un po', non è la fine del mondo. Non mi dà fastidio, non mi fa male. Beh, esistono cose peggiori.

Ora, dopo tre mesi sono tornata per il controllo. Giunta al centro specializzato, mi hanno visitano con tutti i criteri e mi dicono che è giunto il momento di poter chiudere il buco facendo una plastica. Chiedo al dottore se lo possono fare i medici del ospedale vicino a casa mia e, conoscendo il primario, me lo permettono. Mi salutano, dandomi l'appuntamento tra tre mesi per un ulteriore controllo.

Un po' mi preoccupo... adesso che il momento tanto atteso si avvicina, un po' di timore e agitazione affiorano. Non ne sono felice al cento per cento. C'è questa voce dentro di me che bisbiglia... e se poi non riesco a respirare bene? E se il cibo mi va di traverso? E se non ce la facessi ad espellere il catarro? E se... tanti "se" mi frullano per la testa. Il medico del cento specializzato mi ha detto che l'affanno può anche essere causato da un malfunzionamento del cuore. Scherzosamente mi ha consigliato di non fare troppe salite, sostituendone alcune con delle discese. Dovrò farmi controllare anche il cuoricino – tanto per essere sicuri. Certamente, un po' di affanno proviene anche dall'ansia, o perché a volte cammino troppo veloce. Di questo ne sono convinta. Tutti mi dicono che non bisogna correre o fare nuovi record di velocità... ma mi sento quasi impedita se cammino piano! D'altronde sono invalida – me lo dimentico spesso – e non posso fare tutto come prima! Uffa, però! E poi c'è anche l'età! Mmmh, non mi manca proprio niente! Quando prenderò l'appuntamento per il grande evento devo chiarire alcune incertezze con il medico che mi segue.

Come concordato ieri ho fatto un controllo in ORL. Mi ha visitato il "Grande Capo" – il primario – per la questione della chiusura del buchino. Non porto più la cannula dal mese di agosto. Sono nervosa, per dire la verità lo ero già prima; per questo ho voluto scambiare due parole con il medico che solitamente mi ha seguito durante questi anni. So nel profondo del mio cuore che la mia gola non è ancora pronta per essere chiusa; l'affanno mi accompagna spesso, il respiro non è pulito. Faccio dei rumori che non voglio descrivere a cosa assomigliano, perché oggi non mi sento di scherzare. Sono proprio giù di corda. Uffa. Non finisce mai! Due pa…, veramente. Quasi quasi penso che anche i medici si siano stufati, come me. Il primario mi fa sapere che non può chiudermi, perché non ho sufficiente spazio per un eventuale mal di gola, raffreddore… Se ciò dovesse capitare ed io fossi chiusa sarebbero guai seri; se ho capito bene, potrei anche morire. Questo è un altro aspetto che non ho mai preso in considerazione. Penso che ogni tanto c'è qualche cellula grigia che non funziona – non vedo o forse nel subconscio non voglio vedere come stanno realmente le cose. Meno male che questo vale soltanto per la gola – altrimenti, dovrei preoccuparmi seriamente (pensavo che passasse sempre almeno un minimo di aria per respirare; e bastasse sdraiarmi e aspettare che l'affanno se ne vada). Nell'altro ospedale mi avevano detto che l'affanno potrebbe venire anche da un problema al cuore (mi sono dimenticata di dirlo ai medici durante la visita). Non mi va di fare anche questi accertamenti – e poi cosa ancora? Nella mia gola si "lima e lima" – e quando non ci sarà più niente da limare? Non vorrei che fosse stato tutto inutile – non lo sopporterei proprio. Non dopo tutti questi tentativi. Siamo a tre quarti della strada – mi ha detto una voce competente. Mi domando: ed il restante quarto cosa sarà?

Il primario mi assicura anche che non succederà nulla alla mia voce. "Limeranno" da un'altra parte. Ho chiesto se si può fare l'intervento dopo le feste di Natale e prima che fossero passati i tre anni dal primo intervento. Me lo consentono. Ora devo prepararmi psicologicamente all'evento. Non sarà facile, sono tanto "stufe e stràche". Passerò alcuni giorni delle ferie in Austria; devo mettermi a pensare in santa pace. Ho detto anche una cosa poco gentile ai medici; me lo aveva suggerito la psicologa durante uno dei nostri ultimi colloqui – parlavamo del mio affanno che secondo me, oltre allo spazio limitato, era dettato anche dalla grande ansia di non respirare a sufficienza una volta chiusa. Mi ha detto che, per prima cosa, avrei dovuto chiedere ai medici quanti pazienti abbiano dovuto riaprire dopo la chiusura. Così avrei sicuramente avuto un incoraggiamento, un'arma in più contro l'ansia. Oramai non serve più – non c'è spazio.

Tutto questo mi è piombato addosso, anche se per logica già me lo aspettavo. Ma sentirselo dire è tutt'altra salsa. Non puoi scappare. Anche la giornata era quella giusta: Santa Barbara (povera martire) – io non sono mai stata una santa, ma forse dovrei diventare un po' più barbara.

*

Il tempo è passato ed è ora di fare l'intervento laser numero 4

Eccomi di nuovo in ospedale per fare un laser. Avrei dovuto farlo già alla fine di gennaio, ma sono stata colpita dall'influenza e così è stato spostato al 13 febbraio. Chissà questa volta dove mi toglieranno uno strato. Speriamo che tutto vada bene, come al solito. Ma sì, loro fanno dei bei lavori e non ci penso più di quel tanto. Per dire la verità anche l'anestesia non mi spaventa come al solito. Che mi ci sia abituata? Mi sembra di vivere in una telenovela. Siamo al terzo intervento di questo tipo, senza contare quello eseguito nell'altro centro ospedaliero. Chissà se sarà l'ultimo. Speriamo bene. Prendo possesso della camera nella mia "multiproprietà" ed inizio le "ferie prepagate".

L'intervento è andato bene. Il primario mi ha "limato" un po' la base della lingua e di preciso non so dove altro. Brivido! Dopo l'intervento ho sempre un po' di dolori, particolarmente quando viene toccata la lingua e se penso al cibo ed in particolare al bere, mi vengono già i sudori. Per fortuna esistono gli antidolorifici. Dovrò reimparare tutto. Uffa, non si finisce mai! I giorni passano; all'inizio non riesco proprio a bere! Mi va di qua e di là, ma mai dove dovrebbe. Non riesco a inghiottire bene i liquidi, ciò vuol dire più catarro, tosse e mal di gola. Uffa! La melma verde poi, ti dà la sensazione di essere sazio ancora prima di mangiare. Inghiotto a fatica circa un quarto dei pasti rispetto a quello che dovrei.

E... la voce è solo un filo. Speriamo che mi torni altrimenti sono fritta.

Per non deprimermi più di quel tanto, penso all'ospedale come alla mia "multiproprietà": ci vengo ogni anno a fare le "ferie pagate". Per due giorni ho assunto il "pranzo al sacco", l'acqua nelle vene, ecc. Tutto sommato io ci sto bene qua. Non devo cucinare, né fare le pulizie o il letto, ed il personale è squisito. Il mangiare, come già accennato, lascia un po' a desiderare (l'eterna purea di patate accompagnata ad un qualche cosa di cremoso ed indefinito – una "melma verde" che brucia come fuoco nella gola). Preventivamente ho fatto il pieno di tutte le leccornie che riuscivo inghiottire: il mercoledì prima dell'intervento mi sono fatta un menù coi fiocchi. Così mi sono ricoverata pasciuta e per quasi tre giorni la fame non mi dava fastidio.

Il dottore, che ha pietà di me, mi permette di mangiare pasta in bianco condita con dell'olio. Devo dire che va giù molto meglio e non sento grandi disturbi. Così mi riabituo a mangiare. Non bevo ancora, direi piuttosto che ci baruffo. Per riprendere a cibarmi come si deve mi ci sono voluti quasi quindici giorni. Passate le due settimane, ora va e posso tornarmene a casa, riposata ed in forma.

Mi duole ancora e continuo con l'antidolorifico prima di mangiare. Se non lo faccio, non mi va giù niente, perché non riesco a deglutire. Anche questa volta, come quelle precedenti, è un percorso abbastanza duro e lungo. Devo avere molta pazienza. L'aspetto positivo è che ho abbastanza aria. Respiro proprio bene. Una gioia! Sorrido tra me e me quando faccio un passeggiata; non mi affatico più e non vado in affanno. Finalmente respiro come una persona normale.

È passato circa un mese dall'intervento e ho ancora delle difficoltà a bere. Sì, riesco a bere a sufficienza, ma con grande fatica. Ogni tanto, quando bevo, l'acqua mi fuoriesce da ogni parte... e sembro davvero una "bavosa". L'industria della carta sorriderà (il bosco un po' meno), visto l'enorme consumo di rotoli di carta casa. Ma non posso farci nulla. Spero vivamente che si risolva a breve, inizio ad innervosirmi.

Per dirla tutta, ci si sta mettendo anche la voce, o meglio la sua assenza. Anche per questo non esco, non è il caso di andare in giro in queste condizioni. Pazienza, lo farò quando sarò a posto. Sono un po' preoccupata per la mia voce; faccio ogni giorno gli esercizi, ma… niente. In questo stato, non si parla nemmeno di tornare al lavoro. Non ce la farei... Ho già preso l'appuntamento con la logopedista. Vediamo quello che si potrà fare.

Sentimenti

Ora è passato un mese dall'intervento e ho fatto la visita di controllo. Arrivata, incontro il primario che mi chiede come sto. Gli rispondo: "Bene; respiro bene, ma non ho voce". Lui non dà peso al volume della mia voce, ma controlla il mio respiro. Rimango un po' perplessa. Spero vivamente che, come promesso, durante l'intervento non siano state toccate le corde vocali ed il funzionamento della voce. Abbasso le orecchie ed aspetto la visita; sono un po' giù di tono. Quando tocca a me chiamano anche il Grande Capo e il medico che solitamente mi segue. Guardano dentro, discutono e dicono che sono pronta per la chiusura. Quando chiedo della voce mi parlano, sì, ma non sono in grado di capire ciò che dicono, parlano a "tasselli" – ognuno un po'. Dicono che qualcosa può "essere gonfiato"; se ho capito bene con delle medicine (non so dove e cosa); penso "Mica si tratterà di scegliere fra la voce o il respiro? Cazz...rola! Sarebbe un guaio!". Se fosse stato o il respiro o la voce, penso, me lo avrebbero detto prima dell'intervento, non adesso a fatto compiuto. Sono un po' sconcertata. Chiedo al medico qualche spiegazione. Non posso però chiedere tutto quello che vorrei: sta infatti visitando i pazienti della sua lista e anche in passato mi ha già dedicato molto tempo. Non voglio approfittarne. Ma non mi basta quel che dice: parla di logopedia, mi chiede quanto tempo posso rimanere assente dal lavoro, ecc. Non so più cosa pensare... cosa sia reale o cosa sia frutto della mia mente. Incontro di nuovo il primario in corridoio e mi dice che per far tornare la voce basta un secondo! Beh, ha il tempo limitato anche lui e io rimango lì nel corridoio… quasi inebetita. Adesso non ci capisco proprio niente: "Gonfiare o non gonfiare? Lasciare così o fare qualcosa? La voce tornerà o non tornerà? "Ma vaffanbrodo!" Avrei dovuto scegliere?

Questo mi ha fatto imbestialire, ero furiosa, inca....a nera, con un pensiero ripetuto nella mia testa...

Quello che mi ha sconcertato di più è che nessuno mi ha spiegato bene cosa mi avrebbero fatto. Un laser – sì; ma ho puntualizzato anche, come SEMPRE, la mia preoccupazione per la voce (fondamentale per il mio lavoro). Ad altro non ho pensato. E così mi trovo, come si suol dire... in braghe di tela. Mi sento un po' vuota dentro... penso un po' filosoficamente "il nulla c'è".

Sarà anche colpa mia, non dico di no: forse non ho insistito abbastanza per avere una vera risposta esauriente. Forse hanno pensato che per me era fondamentale la chiusura del "buco". Forse per loro io ero consapevole a cosa andavo incontro. Sicuramente davano per certo che io lo sapessi.

Anche dopo l'intervento ho chiesto più volte della mia voce, ma non ho ricevuto una vera risposta. Anche una non-risposta però è una risposta.

Poi, dentro di me, si fa largo una sensazione di tristezza e delusione.

Ora, passate più di quattro settimane dall'intervento, la voce non c'è più; è rimasta solo una vocina molto flebile. "Uffa! E ora cosa faccio? Starò in silenzio? Impossibile! Mi arrendo? Forse sì, forse no". Non ho più né tanta voglia né tanta forza per darmi da fare. Tre anni di cure, otto anestesie totali, TAC con contrasto, ecc. sono un po' logoranti. A casa mi è venuto da piangere, avrei potuto innaffiare l'orto. Penso che mi siano affiorate ed esplose in un colpo solo tutte le frustrazioni della mia vita. Quando mi vengono le lacrime difficilmente riesco a fermarle, mi scendono a piccoli intervalli tutto il giorno finché non ho esaurito le scorte… Cosa devo dire… mi è durato per ben TRE giorni. Questo è stato un bello sfogo per me, per gli altri un po' meno. Penso che adesso sono, come si dice, "demolita" per bene e pronta per la rottamazione.

E il lavoro? Mi è sempre piaciuto tanto, sarà difficile, anche perché altro non so fare… se avessi almeno l'età che mi dava il medico, potrei stare seduta sulla mia collina… bah, sarebbe troppo noioso! Se la voce rimane così, anche la mia vita sociale e comunicativa sarebbe sicuramente un po' più limitata…

Poi passo alla disperazione.

Ho prenotato la visita di controllo dove si deciderà quando chiudere. Intanto ho deciso di provare un'ultima cosa: due settimane di logopedia.

Ora sono convinta che lo sfogo era necessario e fondamentale per poter andare avanti in serenità. Un giorno dovrò ricevere delle risposte esaurienti. Dopo due sedute di ginnastica rilassante mi è tornato anche il buonumore. Mi sento molto meno depressa e sono più rilassata. Sono di nuovo pronta a mettermi in gioco ed a lottare.

In fondo, potrei dire scherzosamente che per ora ho una voce "seducente"... forse un po' troppo per i miei gusti! Pensandoci meglio... riflettendo bene... "Ma che donna sono? Sono praticamente il sogno di ogni uomo: non urlo, non alzo la voce, non parlo a vanvera... non sbraito; basta allontanarsi un metro due e non si sente più niente. Una donna ideale, insomma."

Scherzi a parte, spero che la voce migliori, ci tengo... e vedremo cosa succederà. Dopo le due settimane di logopedia ho deciso anche di tornare al lavoro, giusto per vedere come me la cavo. Mi viene quasi da ridere se penso che dovrò parlare per almeno due o tre ore. Sono anche stufa di stare a casa; infatti inizio ad annoiarmi.

*

La logopedia

Da tempo vado a logopedia per migliorare la mia voce. Nelle ultime settimane però, sto seguendo un periodo molto intensivo, quasi una vera e propria "full immersion", visto i grandi problemi che sono sorti. La mia logopedista, persona a mio avviso altamente qualificata, esercita la sua professione in ospedale. Mi piace molto lavorare con lei, perché sa metterti a tuo agio, sa farti ridere ma anche lavorare sodo, ottenendo così risultati lampanti. Ultimamente però, si verificano dei fatti un po' assurdi! Un giorno abbiamo fatto logopedia in un ambulatorio ginecologico. Vabbeh, sicuramente c'è una certa somiglianza tra le corde vocali e le parti intime femminili, ma arrivare a questo punto? La seduta seguente si è tenuta nell'ambulatorio dermatologico, e l'incontro successivo... in pediatria. È assodato che al raggiungimento di una certa età si torna un po' bambini, ma... non pensavo fino a questo punto! Chissà quale sarà la futura location... chissà dove riconquisterò la voce!

Un po' mi dispiace per la logopedista, perché temo che non le venga riconosciuto il giusto valore e la dignità professionale che merita. E noi pazienti? Siamo così decrepiti o poco considerati da non meritarci altro? Da entrambi i punti di vista, credo che un continuo peregrinare senza fissa dimora da un ambulatorio all'altro, non sia in fondo né molto corretto né propedeutico alle cure stesse.

Forse adesso si è trovata una sistemazione in un ambulatorio usato dalla psicologa, da una dermatologa e... dalla mia logopedista (però il cartellino ancora non c'è)! Vedremo!

*

Hmmm… con la logopedia va abbastanza bene. Adesso vado quasi sempre di mercoledì, il che significa essere locati in pediatria. Tra tutte le avventure questo posto, secondo me, è il più adatto: grande, luminoso, si può lavorare in piccoli gruppi, ci sono lo specchio e tutte le altre cose di cui si ha bisogno. Direi niente male, anche se… non si può avere tutto. Speriamo che questa stanza rimanga a nostra disposizione.

La mia voce, dopo poco tempo di intensa logopedia, è tornata abbastanza forte e molto più chiara di prima. Sono felicissima! Non ci avrei mai creduto! Come si dice, non ci si deve arrendere! MAI!
Sono molto felice!

*

Ho cercato di chiarire bene con il medico le mie paure, le perplessità e la rabbia che mi hanno assalito dopo l'ultima visita, e lui mi ha spiegato in modo molto paziente ed esauriente tutto ciò che volevo sapere. Dopo il colloquio mi sono sentita decisamente meglio, confortata, sollevata, rincuorata e pronta ad affrontare le cose. Col senno di poi, se avessi chiesto subito delle spiegazioni, anch'io mi sarei risparmiata un bel po' di energie. Ma quando sei lì che ti visitano, col sondino in gola, loro parlano e tu non puoi chiedere. In tutta onestà, anch'io non sono una paziente facile, forse può sembrare, ma sono abbastanza esigente. Ogni tanto ho delle reazioni veramente molto forti; non riesco a controllare (forse – più probabile non voglio) i sentimenti che provo. Mi si vede in faccia quello che penso e come mi sento.

Oramai la desolazione è acqua passata e non ci penso più. Le risposte le ho avute e dunque sono tornata alla normalità. Non porto rancore a lungo; non ci riesco. Una volta chiarite le cose, mi passa tutto e non mi soffermo sui "se" o sui "ma".

Durante il colloquio mi dicono anche che bisognerà fare un altro intervento laser. Il respiro non è ancora sufficiente.

*

Riprendo il solito tran-tran di riabilitazione, tra riposo e logopedia. Torno anche al lavoro, dopo sole quattro settimane di convalescenza nonostante i problemi a parlare in modo chiaro e comprensibile. Nella mia professione di maestra, sussurrare non va proprio tanto bene.

Il lavoro prosegue bene, ho un sacco di cose da organizzare, da fare e da preparare per l'ultimo periodo, cioè prima delle vacanze estive. Il tempo passa velocemente, ma il respiro non è ancora sufficiente. La stessa cosa mi viene detta anche durante le visite di controllo. Dovrò fare un altro laser. Dove si "limerà" questa volta? Speriamo che la "tela" non diventi trasparente! Ci scherzo sopra, ma sono anche un po' pensierosa. Non si potrà fare interventi fino all'infinito. E poi? Non ci voglio pensare adesso. Devo ancora guarire dall'ultimo. Poi si vedrà.

Per il momento l'ultimo: intervento laser numero 5

Si decide di farlo al più presto possibile e circa tre mesi dopo l'ultimo intervento faccio il pre-ricovero.

Mi spiegano bene come si intende intervenire e si prevede l'intervento all'inizio o a metà giugno. Bene, così riesco a consegnare tutte le carte, fare tutto ciò che è necessario alla chiusura dell'anno scolastico. Mi do da fare e riesco a consegnare tutto prima del ricovero – un pensiero in meno.

L'anestesia non mi fa più né caldo né freddo. Non ho la minima paura, in fondo, dopo tanti interventi diventa quasi routine. Preparo la valigia e... sono pronta per l'intervento. Mi ricovero di buona lena e... sarò la prima.

Quando mi sveglio dall'anestesia, apriti cielo, mi trovo con la cannula non finestrata, attaccata all'ossigeno e... quasi subito in preda al panico. Che cosa è successo? Come mai tutte queste cose; voglio parlare, chiedere e... non mi esce nulla dalla gola. Adesso il quadro è al completo. Mi prende un grande sconforto ed inizio a piangere. Le lacrime scendono senza sosta e le povere infermiere, che in tutti questi anni non mi hanno mai visto così, rimangono malissimo. Vogliono chiamare il medico e a malapena riesco a dissuaderle. Comunque lo mettono al corrente e poco dopo lui arriva. Cerca di tranquillizzarmi e in parte ci riesce. Mi spiega che tutto questo è solo per precauzione e che non è successo niente di strano. Mi sento meglio e ho solo voglia di dormire. Dormo fino alle sei e mezzo-sette di sera. Strano. Non mi era mai successo. Un po' mi ricordo, un po' no. Ho dei vuoti di memoria. Tante cose le so, perché me le hanno raccontate dopo. Non capisco davvero. Dopo aver dormito anche tutta la notte, per nove ore di fila, sto bene e torno ad essere la "vecchia Barbara" di sempre.

La signora nel letto accanto torna dall'operazione. Anche lei non connette più di quel tanto: cerca il suo cane, vuole che le facciano delle foto tipo selfie, vuole mangiare un'anguria ecc. Mi viene da pensare che abbiano cambiato anestetico! Vabbeh... intanto mi sono passate anche la tristezza e l'angoscia.

Rimango in ospedale per quattro giorni. La mattina dell'ultimo giorno, durante la visita mattutina dei medici, il primario mi mette al corrente che il risultato si vedrà tra un mese circa. Se non dovesse bastare, non mi rimarrà nient'altro che decidere fra il respiro e la voce. Mi dice che, questa volta più di altre, la decisione spetta solo a me. Rimango malissimo e le lacrime tornano a sgorgare. Questa volta non c'è proprio nulla di positivo, tutt'altro. Mi dicono che sono sfortunata. Chiamala sfortuna! Questa è iella proprio! Al momento mi manca anche la dote di pensare positivo. Sono sfinita – non ne posso più. Perché tutte a me? Cosa ho fatto di male per meritarmi questo? Ma vaffan…! Sono inca… nera.

Non vedo l'ora di tornarmene a casa e chiudermi nella mia mansarda a pensare sul da farsi. Fare che! Al momento non c'è nulla da fare. Mi dicono che devo aspettare. Non vale neanche la pena – so già che devo prepararmi al peggio.

Senza voce non c'è lavoro e significherebbe seppellirmi in casa. Con la voce dovrò continuare a portare la cannula, continuare con il mal di gola e tutte le altre cose che mi possono venire… Proprio divertenti le aspettative. Direi in tedesco: "Schei…".

Dopo la visita di controllo decido di andare qualche giorno in Austria. Là riesco a riflettere meglio e forse mi calmerò anche un po'.

Al momento la gola continua a farmi molto male, e devo prendere ogni giorno degli antidolorifici. Mi brucia, il cibo mi va giù con difficoltà – più passa il tempo e più difficile diventa. Al momento mi nutro a sufficienza, però sicuramente avrò qualche "rotolino" di ciccia in meno per l'estate. Come non bastasse poi, ora si è messa di mezzo anche la stitichezza; non ho mai avuto problemi di quel tipo. Dopo quest'intervento è tutto diverso. Non capisco come mai. Questa volta è tutto un mistero.

*

Un nuovo ostacolo: la deglutizione è peggiorata. Faccio veramente fatica. Le cose non migliorano tanto neanche con il passare del tempo. Penso di aver deglutito e invece l'ho fatto solo a metà. Spesso devo farlo in due tappe; devo pensare "ora deglutisco"; devo concentrarmi... caspita – sta diventando un'impresa difficile. Per non parlare poi dei liquidi. Ogni volta è un'avventura. Sgorgano dal buco come una fontana: entrano ed... escono. Mi tocca rivedere tutte le posizioni possibili. Il kamasutra impallidirebbe a confronto! Mi faccio coraggio e penso: porta pazienza; non innervosirti; prima o poi ce lo farai! Infatti dopo qualche giorno... il primo raggio di sole. Mangio come prima. Non ho più fastidi. Con il bere migliora più lentamente, ma riesco ad assumere circa un litro e mezzo d'acqua al giorno. Sono fiera di me. Ancora mi fuoriesce. Logico, hanno dovuto tagliare per potermi intubare, ed il taglio che mi hanno fatto ha quasi la forma di un beccuccio... risultato: il liquido viene proprio invitato a fuoriuscire.

Questo è molto fastidioso, perché ti trovi al bar, bevi e... ti sporchi. Così decido di non bere più nulla quando esco. Vado volentieri a mangiare la pizza, ma non bevo. Faccio come i cammelli, faccio scorta: bevo molto prima di uscire, così non ho grossi problemi. Rimane il fastidio per quanto riguarda la saliva. È davvero molta e mi bagna in continuazione la garza. Mi hanno dato da provare anche un nuovo modello di cerotto con un tappo. Va anche bene, ma dopo un po', con tutta la produzione di saliva, tende a staccarsi, oppure il tappo si riempie. Cosa devo fare! Così non va! È davvero un supplizio! Uffa!

L'INIZIO DI UNA NUOVA STORIA

L'ESPERIENZA "AUSTRIA" COMINCIA

Mi ha lasciato un po' basita la prospettiva "o il respiro o la voce". Questo però mi ha fatto ricordare la proposta di un mio cugino di andare da lui all'ospedale se avessi avuto bisogno. Penso che sia giunta l'ora.

Non ci penso su più di quel tanto, dalla sorella mi faccio dare il suo numero di cellulare. Lo chiamo e chiedo se posso andare in Austria per un consulto.

Mio cugino è il direttore sanitario alla clinica universitaria ed anche per l'ospedale civile della città. Mi promette di farmi avere un appuntamento per un consulto dal primario dell'ORL.

Un altro parere non fa mai male, anche perché la posta in gioco è molto alta. Informo il mio medico, mando via le carte richieste da mio cugino e alla fine di agosto parto per la visita, accompagnata da mio marito. Sono proprio curiosa di sapere cosa mi diranno là. Sono un po' intimidita: sulla porta trovo tanti "titoli" e nomi illustri (professore universitario, ecc.) che mi fanno sempre un po' d'impressione. Essendo nata e cresciuta in Austria i titoli sono importanti e vanno rispettati (scherzosamente direi: Sugli attenti!).

Mi presento un po' prima, do i dati alla segretaria ed aspetto. Il primario arriva perfino in anticipo! Mi saluta, sorride e si prepara per visitare l'interno della mia gola. Mi sento a mio agio, sembra di essere in un salottino a fare due chiacchiere. Mentre aspetta che l'anestesia locale faccia effetto mi pone delle domande sul percorso della malattia; dall'inizio insomma. Mi dice che sono fortunata ad essere in così buone condizioni e parla in modo molto positivo degli interventi fatti finora. Sono contenta, anche per i medici che mi hanno in cura! Non ne dubitavo affatto! Alla domanda se pensa di togliermi le corde vocali per far spazio, esprime parere negativo dato che i cinque interventi fatti in quella direzione non hanno portato ad un risultato duraturo. La "carne" ricresce, dove me la tolgono. Il mio problema sta lì! Si vaporizza e vaporizza con il laser... e puff... ricresce. Il professore mi consiglia di fare un CT per vedere l'interno, la struttura ossea o la cartilagine – questo non l'ho capito bene neanche io – per poter proporre eventuali possibili soluzioni. Non vuole esprimersi ora in merito, perché prima deve vedere dentro. Me ne ha elencate alcune ma il punto di partenza è comunque e sempre l'esito del CT. Ci salutiamo, prendo la lettera e prometto di fargli avere mie notizie. Dopodiché si vedrà. Sono contenta di esserci stata. Mi ha fatto un'impressione positiva e sto in pace con me ed il mondo.

Chiamo mio cugino e ci vediamo poco dopo. È una vera gioia rivederlo dopo tutto questo tempo. L'ultima volta lo avevo incontrato al funerale di mia madre. Lì mi aveva anche offerto il suo aiuto. È una gran bella persona e già in passato siamo sempre andati molto d'accordo. Mi dice che non sarà fatto nulla che possa creare un rischio più grande di un risultato soddisfacente. Torno a casa contenta, anche se non so minimamente cosa ne sarà di me.

*

Racconto tutto al medico in ORL e questi mi prepara le carte per il CT. Mi spiega anche di che si tratta. Me lo fa eseguire con il mezzo di contrasto ed in questo modo abbiamo anche il controllo della malattia. Comunque si doveva fare. Della malattia non risulta alcuna recidiva. Questa sì che è una notizia coi fiocchi! Urrà! Poi guardiamo sul CD gli spazi della mia laringe. Il dottore spiega l'attuale situazione nella mia gola. Caspita in un punto è proprio stretta! Logico che non passi granché di aria. È veramente bello vedere la mia gola in questa prospettiva. Capisco molte più cose.

Vedremo cosa si può fare. Io sono convinta della necessità di DOVER fare qualcosa. Come sono adesso non posso andare avanti all'infinito. Mi sporco di continuo, il bere non è più un divertimento, ma è diventata solo una necessità. Sia in Italia che in Austria mi hanno detto che inalo la saliva. Questo non è un bene, perché mi potrebbe portare ad avere delle polmoniti ed anche frequenti. Sono anche un po' stanca e stufa di tutto questo. No, no... non è ancora giunta l'ora di arrendermi! Si DEVE trovare una soluzione accettabile, cioè respirare normalmente o quasi e parlare. Non voglio rinunciare a nessuno dei due. Tengo duro ancora... ma ogni tanto devo pur sfogarmi anch'io!

*

Sono di nuovo al lavoro. Sono contenta; io e anche la bimba che seguo. Mi chiama perfino mamma.

Cosa mi capita dopo neanche una settimana? E proprio nel giorno che ho fatto la visita e ho ottenuto tutte le informazioni dal mio medico di fiducia? – La sera ho niente di meno che 38.8° C di febbre! Questo poi! Mi tocca chiamare il medico di famiglia. Non posso andare a lavorare in queste condizioni. Per fortuna il medico trova i miei polmoni puliti, ma devo rimanere a casa una settimana: riposo, fumenti, relax... Che noia!

Ahhh, quasi mi dimenticavo. Ho mandato il CT in Austria per farlo esaminare. Chissà cosa diranno? Ormai ho imparato a non farmi mille illusioni o a fantasticare sugli esiti... aspetto allegramente. In fondo, non cambia nulla – se ti deprimi è peggio. Per dire la verità non sto male – ho dei fastidi, quello sì, ma tutto sommato non posso lamentarmi.

Dopo circa tre settimane ho la risposta: al momento non si fa nulla. La laringe è alquanto provata da tutti gli interventi. Manca abbastanza cartilagine, l'aritenoide rimasta è piegata, ecc. Non voglio perdermi in tutti questi paroloni. In altre parole... non mi resta che aspettare, e chissà per quanto tempo. Dicono che si deve aspettare, far assestare il tutto e guarire bene, poi si vedrà. Ho anche parlato con mio cugino. Non voglio neanche fare cose pericolose e dal dubbio esito, per esempio ricostruire completamente il tutto. Lui condivide questa mia scelta, anzi mi sostiene. Se questa dovesse essere l'ultima possibilità, preferisco rimanere così come sono.

Un po' me lo aspettavo già, perciò la notizia non mi ha colpito più di tanto.

Ultimamente utilizzo un "modello nuovo" per coprire il "buco", un modello più chic e sicuramente più funzionale. Ma, come al solito, ci sono due facce della medaglia; si tratta di un cerotto con un tappo per chiudere quando parlo. La mia povera pelle, però, non va tanto d'accordo con i cerotti. Si arrossa e inizia a prudermi. Così devo abituarla pian pianino e mettere la garza per il resto della giornata. All'inizio, considerando che produco anche molta saliva, il cerotto cominciava a staccarsi già dopo una o due ore. Così, dovendolo rimuovere, mi strappavo anche un po' di pelle, perché dove attacca, attacca fortemente. Adesso lo sopporto qualche volta anche per sette, otto ore. Grazie a questo cerotto riesco a parlare meglio, tanto al lavoro che con colleghe ed amici. Beh, allenandomi dovrei riuscire a coprire l'intero periodo in cui rimango sveglia. Sarebbe una conquista. Naturalmente il discorso non vale quando ho mal di gola o il raffreddore: in questi casi produco troppa saliva e catarro. Faccio avere al medico che mi segue la risposta austriaca e anche lui è del parere che non si fa nulla. Mi consiglia però, di fare logopedia due volte alla settimana. Mi metto d'accordo con la logopedista, cercando di riuscire anche a sistemare la seduta in modo tale da non interferire troppo con il lavoro.

Non sono né delusa né depressa. Al momento, e soprattutto dopo l'ultimo intervento, non mi alletta l'idea di farne un altro. Sono rimasta troppo male; penso che sia stato per l'anestesia. Avevo un sacco di disturbi: ansia totale, non capivo nulla; tuttora mi mancano al risveglio dei pezzi, dei lassi di tempo. Chissà... Misteri! Forse il mio corpo voleva dirmi: "Ora basta per un po'. Non si può mica limare all'infinito!"

Ora, finalmente, mi sono messa il cuore in pace. Mi dico: "Cosa cambia, non si può eliminare la brutta esperienza, ma è inutile soffermarsi a chiedersi cosa sia stato, cosa no."

Qualche giorno fa ho incontrato l'infermiera che era presente quel fatidico giorno e ci siamo parlate. Lei pensava ed era convintissima, che io fossi crollata e che fossi riuscita a nascondere tutte le mie paure e sensazioni dietro una corazza ferrea. Non è così, veramente. Al risveglio, dopo l'intervento, ero solo troppo sconvolta per quello che mi succedeva e non connettevo. Il mio cervello non funzionava; una brutta sensazione – ve lo dico in tutta onestà. Non la auguro a nessuno. Tu pensi di essere sveglia, ma la realtà è un'altra cosa. In parole povere, ci sei, ma non ci sei. Acqua passata, guardo in avanti. Ogni tanto è meglio non ricordarsi tutto!

Con la logopedia procede bene. Gli esercizi nuovi che sto imparando e applicando mi aiutano nella deglutizione e mi sembra che vada già un po' meglio. Devo allenarmi ogni giorno, sperando che poi diventi automatico. E poi cosa farò con tutto il tempo che mi avanzerà!

Confrontando la voce di adesso con quella di alcuni mesi fa, la differenza si sente: ora è forte e chiara. Riesco a fare quasi una scala musicale – abbastanza stonata (vabbeh, lo ero anche prima – nulla è cambiato, la voce è più chiara e meno "caffettiera". Di tanto in tanto mi registro e poi confronto le registrazioni con la logopedista. Solo così ti rendi conto dei progressi. Per ora avanti con maschera, sniffare acqua, esercizi vocali, ecc.

Continuo anche con le sedute dalla psicologa, ma molto più di rado. Fanno tanto bene! Partecipo costantemente alla ginnastica rilassante; oltre a rilassarmi siamo un bel gruppetto affiatato e si sta bene in compagnia!

Anche il lavoro non mi manca: a scuola, a casa, ecc. Mi fa sentire bene e soprattutto "normale". D'altronde, cosa mi manca?

A fine gennaio farò la visita del follow up. Allora saranno quattro anni che combatto la mia battaglia. Non mi sono ancora stancata e penso che prima o poi riuscirò a concludere la faccenda. Intanto vado avanti a testa alta, allegra e quasi spensierata e come sempre con il motto: **ciò che non ti ammazza, ti fa più forte**.

Il follow up di gennaio, per quanto riguarda il tumore, è andato bene. Al momento non sento grandi cambiamenti, se non in peggio. Il problema della deglutizione sta peggiorando. Fuoriesce spesso del liquido e, anche facendo tutta una serie programmata di esercizi, non migliora. Se non faccio i miei esercizi, infatti – tra l'altro sono anche molti – non riesco a dormire a lungo quanto vorrei, né mi permettono di parlare per il tempo necessario al lavoro. Così, ogni mattina, al risveglio faccio trenta minuti di ginnastica, un po' per il collo e un po' per il torace, poi gli esercizi per la logopedia e così via. Una dato positivo però c'è: la voce è decisamente migliorata, infatti è più chiara e meno rauca. Riesco ad esprimermi meglio e questo per un'insegnante è una bellissima situazione. Devo accontentarmi dei piccoli passi, ascoltare il mio corpo e… in questo modo vado avanti abbastanza bene e tranquilla. Certamente ti dà fastidio quando continuamente devi applicarti ma non vedi i risultati sperati, ma… sei comunque vivo, hai un lavoro e puoi condurre una vita quasi normale.

Una grande novità! È stata emanata una legge che, in determinati casi e a certe condizioni, permette di andare a curarsi all'estero: ciò è possibile, ad esempio, quando le cure appropriate in Italia non esistono, i tempi d'attesa sono troppo lunghi e così via. Penso subito alle strutture in Austria. Forse lì ho una possibilità, e poi, ci sono già stata per un consulto. Alleluia! In queste norme vedo una possibilità di risolvere almeno la questione che più mi affligge: la deglutizione. Dove sono stata operata non c'è altra possibilità di miglioramento, visto che ho fatto in tutto cinque tentativi; nell'altro centro dove mi ero recata per risolvere il problema – un nulla di fatto. L'unica prospettiva che ho in Italia, al momento, è togliere la laringe e, con essa, anche la voce, annessi e connessi! Ma, prima di poter andare in Austria, devo rivolgermi ai grandi centri italiani. Mi metto in contatto con il medico che mi segue e questo mi dà delle indicazioni preziose. Prenoto le visite in quelle cliniche (una ha dei tempi alquanto lunghi) e due mi fissano l'appuntamento di lì a poche settimane, entrambe in aprile. Bene! Così mi preparo per andarci, e chiedo il permesso previsto al posto di lavoro. Milano, infatti, non è a due passi e non ce la faccio ad andare e tornare in giornata. Considerando che la prima visita dovrò farla di lunedì, ne approfitto per visitare la mitica Milano e prenoto il mio alloggio già da sabato.

*

L'avventura milanese

Parto per la prima visita. Da qualche giorno non mi sento tanto bene, ma non posso non andarci. Prenotato è prenotato: l'albergo ed il treno per due persone e soprattutto la visita. Non voglio disdire. Metto un pacchetto di Tachipirina nella valigetta e non misuro la febbre. Mi accompagna una mia amica e vado da lei già il venerdì sera. Ho dei brividi e la sera, misurando la febbre, vediamo che ho qualche linea: senza pensarci troppo, prendo una pastiglia e via a letto. Partiamo di buonora, prendiamo il treno e... Milano, stiamo arrivando! Sabato pomeriggio un giretto di esplorazione, una piccola cena, mando giù la terza pastiglia e a letto presto. Mi rifiuto di stare a letto, perché è la prima volta in vita mia che vengo qua. Domani devo visitare il Duomo e salire in cima. La mattina di domenica ancora va, mi sento un po' debole, a mezzogiorno mi mancano quasi le forze, ma... non mi ferma niente e nessuno. Le scale in salita mi fanno sentire le ginocchia molli, molli... ma c'è la Madonnina che ci aspetta! Ci arriviamo pian pianino, sempre con la mia amica al mio fianco, ad aiutarmi: lei sì che è un vero tesoro. Sono stanca ma contenta. Ce l'ho fatta! La sera non ceno nemmeno, ho la febbre a trentanove, prendo una pastiglia e vado a letto già alle sei di sera. Non mi preoccupo più di tanto perché domani mi visiteranno e vedranno se il problema sta nella gola. Alla visita, molto accurata, non risulta nessun problema. Mi dicono anche che il centro non ha i presupposti per prendermi in carico. Beh, un ostacolo in meno nel cammino per chiedere all'AAS il permesso di andare a curarmi all'estero. E poi, in fondo, Milano da casa mia, è veramente lontana.

Tornata a casa, vado dal medico di base che mi mette in malattia per curarmi da una broncopolmonite, devo prendere degli antibiotici e fare delle inalazioni. Probabilmente mi è andato di traverso qualcosa in passato. Sono soggetta ad infezioni polmonari e bronchiali.

Una volta guarita mi preparo per la seconda visita specialistica a Milano e, siccome non ci sono posti liberi sul treno di ritorno, allungo la mia permanenza di un giorno. Che bello, la visita è di giovedì e... il giorno dopo è il primo maggio con l'inaugurazione dell'EXPO. Sono proprio fortunata!

Questa volta vado con mio marito, sono sana e in gran forma. La visita, sempre nel migliore dei modi, va proprio bene. Mi parlano di una tecnica nuova, ma ahimè, ancora sperimentale e non si sa neanche se applicabile al mio caso. Si deve fare una serie di visite, ci vuole molto tempo, ecc. Tengo comunque presente la possibilità ed in seguito scambio delle mail d'informazione con la dottoressa che mi aveva visitato.

La sera andiamo in centro e, senza saperlo prima, ci si offre la grande occasione di vedere sul grande schermo in diretta, o meglio di sentire il concerto dell'apertura dell'EXPO in Piazza del Duomo. Bellissimo! Stiamo seduti su un muretto come i giovani, un po' lontano dal palcoscenico, ed ascoltiamo la voce di Bocelli. Meraviglioso!

*

Verso la metà di marzo, parlando con mio cugino della legge sopra citata, mi racconta di un professore della clinica universitaria da cui mi vorrebbe far visitare. Mi informa delle tecniche largamente provate che egli applica per migliorare la qualità della vita. Non me lo faccio dire due volte ed esprimo il mio forte interesse. Se c'è qualcosa che può migliorare la mia deglutizione, ben venga. Uffa, la deglutizione sta peggiorando di pari passo con il miglioramento della voce. Io parlo, cioè la fonetica risulta discreta, ma dall'altra parte, cioè dal "buco", fuoriesce allegramente una buona dose dei liquidi che bevo. Ogni tanto assomiglia ad un ruscello. Ca…ruola! Mi mancava solo questo! Non riesco a tenerlo sotto controllo. Se non mi concentro al 100% – swuff – con velocità supersonica, come è entrato dalla bocca, così è uscito dal buco. Per fortuna mi piace l'acqua e bevo quasi solo questo, altrimenti i miei polmoni ne soffrirebbero molto di più! Che vitaccia! La vita mondana è alquanto compromessa. Non mi piace tanto uscire con gli amici – posso solo mangiare, ma anche mandare giù un caffè ristretto è diventata un'avventura. Spero di risolvere la questione "cure all'estero", e mi fissano una data in giugno. Bene, così le lezioni sono terminate e vado tranquilla. Vado a spese mie, non con l'AAS – mi ci vorrebbe troppo tempo per avere le carte necessarie e mi prudono la curiosità e un po' anche la speranza. Non mi faccio illusioni, voglio solo sapere se si può fare qualcosa o no. Mi fido al 100% di mio cugino, che veglia su di me e non mi farebbe fare interventi sperimentali o rischiosi. Vengo dal sud dell'Austria e nella mia grande famiglia d'origine esiste ancora il detto: uno per tutti e tutti per uno, così ci aiutiamo a vicenda. Siamo molto uniti.

AUSTRIA

Le visite in una clinica universitaria all'estero

Arrivata nella clinica, dovrò stare lì per tre giorni, vengo accolta molto cordialmente e si inizia subito con gli accertamenti. Si parte con la logopedista che mi chiede tante informazioni per quanto riguarda la voce, la deglutizione ed il respiro. Poi mi spiega alcuni esercizi che dovrò fare nel frattempo e mi dice che tornerà verso sera. Poi mi fissano un appuntamento nel pomeriggio con il luminare. Sono proprio curiosa di cosa mi dirà. Mi ascolta attentamente, mi fa delle domande mirate ed esamina le carte degli interventi – ho portato copie di tutte. Mi spiega che l'indomani, la mattina presto, dovrò sostenere una TAC (collo e testa) ed un esame di deglutizione – "la via del bolo".

Nel tardo pomeriggio la logopedista mi spiega l'esame della deglutizione e ripassiamo gli esercizi di cui mi ha fatto delle fotocopie per poterli eseguire anche a casa. Mi dà l'appuntamento per la mattina dopo.

Iniziano di buonora: l'esame del sangue, poi quello della deglutizione alle ore 7:30, dopodiché la TAC con mezzo di contrasto. Mattinata impegnativa, direi! L'esame della deglutizione è un po' faticoso – devo bere una brodaglia nera; dicono che fa meno male del boro, quella bianca. L'esame, in piedi, va come si aspettava, la gran parte del liquido prende la strada giusta, un po' quella via per il tracheostomo – e fuori – e una minima parte va "ops" nei bronchi. Si vede benissimo sullo schermo! Me l'hanno fatto provare tenendo la testa in tutte le svariate posizioni – nulla da fare – un po' prende sempre la via polmonare. Questo può presentare un grave pericolo, in particolare quando uno rimette, perché lo stomaco, se vanno lì, è pieno di batteri… I medici in questo laboratorio mi spiegano molto bene tutto quello che hanno visto. Me lo aspettavo già, avevo fatto un esame così anche in Italia dove mi seguono. Nulla di nuovo, solo una conferma più approfondita. Avanti, è l'ora della TAC, che risulta negativa per l'insorgere della patologia. Meno male! Notizia splendida!

Dopo tutti questi approfondimenti il primario dell'ORL e quello della ricostruzione facciale mi spiegano cosa si potrebbe fare per migliorare le funzionalità. Mi spiegano le varie possibilità che si presentano di cui una veramente curiosa (fare un elastico con dei pezzi di tendini prelevati nei piedi, cucirli insieme, passare attorno la laringe ed attaccarli alla mandibola). Per fortuna concordano che è troppo pericoloso e spiegano l'intervento che andrebbe bene per me. In parole povere: fare un trapianto dall'orecchio alla laringe ricostruendo un pezzo di sovraglottide. Tutte le possibilità mi vengono dimostrate su un modellino di una laringe femminile. Veramente interessante! Uno vede, viene messo a conoscenza e capisce meglio (forse). La possibilità di un trapianto mi sembra ottima perché mi toglierebbe il fastidio della "non-deglutizione" dei liquidi. Su loro richiesta do il permesso di discutere il mio caso con mio cugino. Dico che l'idea mi piace molto e sono convinta che faccia per me.

Poi parlo anche con mio cugino. Conoscendo i due primari mi spiega che sono in buone mani. So che non permetterebbe di farmi alcunché di sperimentale e/o molto rischioso, ma si sa che un po' di rischio c'è sempre.

*

Tornata in Italia devo mettermi alla ricerca delle carte che servono per potermi curare all'estero. All'AAS mi spiegano di cosa ho bisogno. Copio tutte le carte importanti degli interventi subiti e quelle delle visite in altre strutture, una copia della carta che mi hanno rilasciato in Austria, in cui si spiega brevemente quello che intendono fare, la carta compilata da uno specialista dell'ORL e la mia richiesta. Uffa – l'Italia è sommersa di carte! D'altronde deve essere documentato tutto, perché c'è anche il fattore dei costi.

Consegno il tutto all'AAS e attendo la risposta. Questa mi arriva… la domanda è stata sospesa, perché la commissione vuole altre carte! Vogliono una descrizione più dettagliata dell'intervento e documenti che rilevano la sua efficacia. Scrivo di nuovo a mio cugino che,- Sentite! Sentite! -, Già una settimana dopo mi manda tutto. Che velocità! Lettera in italiano, statistiche in inglese. Sono veramente più che sorpresa. Speriamo che questo basti. Inizio a innervosirmi un po', anche perché mi tocca aspettare quasi un mese e mezzo per avere una risposta. Ma perché tutte a me? Per forza devo essere paziente e mentre vi racconto questo mi sono ammalata: sindromi parainfluenzali. Respiro a fatica – il raffreddore mi ha bloccato le vie, il muco esce da tutte le parti e la tosse poi – sembro un cane che abbaia. Non mi faccio mancare proprio niente! Uffa! Dicono che una pentola aggiustata tiene più a lungo – allora aggiustata sono, ma ancora faccio letteralmente acqua da ogni parte. È ora di mettere un'ulteriore toppa!

Dopo l'attesa, un po' lunga, finalmente pochi giorni prima di Natale ho ricevuto il tanto atteso esito della commissione! FAVOREVOLE! Un bellissimo regalo di Natale! Sono proprio felice anche se non mi è tanto chiaro cosa mi aspetterà. So che non sarà una passeggiata perché l'operazione è piuttosto lunga – almeno sei ore – ma sono fiduciosa: sono sempre stata fiduciosa nelle persone che mi hanno seguito e mi seguono tuttora. Ma… non è facile capire certe cose tecniche! Mi frullano per la testa alcune domande sull'iter del percorso postoperatorio: come mi nutriranno appena trapiantato un pezzettino di orecchio o altro sulla laringe? Dovrò stare immobile? Mi taglieranno di nuovo o lo fanno dall'interno? Boh… chiederò!

Scrivo a mio cugino in Austria e pochi giorni dopo mi chiamano dalla clinica. La data è fissata: ricovero il 06/03/2016, l'operazione lo 08/03/2016. Mi accorgo che è la giornata della donna – buon auspicio! Mi porterà fortuna!

Dalla metà febbraio in poi devo fare tanti esami, tutti per il pre-ricovero. Intanto decido di andare a prenotarli.

Ahimè, qualche giorno dopo, mi hanno chiamato dall'Austria dicendomi che l'intervento è stato spostato al 24 marzo, ricovero il 21. Un po' mi secca, ma pensandoci bene sono solo due settimane. Mi metto il cuore in pace e non ci penso più.

*

Ultimamente però, per l'esattezza dal 5 gennaio, la mia voce fa le bizze: sono quasi afona. Riesco a parlare solo bisbigliando, per la mia professione d'insegnante un fattore non da sottovalutare. Ogni tanto mi trovo perciò anche in una situazione allegra. Parlo con una persona sottovoce, quasi non mi si sente, poi arriva una terza. Vedendomi in questo modo parlare vedi dipinto sulla faccia un grande punto interrogativo: di chi sparlano… cosa dicono? Scherzi a parte, spero che mi passi, perché è già quasi un mese che mi trovo in questa situazione. Forse mi passa prima, stando a casa. Andrò di nuovo dal dottore. Costui mi visita e mi rassicura che non si tratta di nulla di grave, probabilmente un raffreddamento. Mi raccomanda di far riposare la voce.

*

Ho fatto anche il follow up del quinto anno! Tutto ok! Al momento quasi tutto mi va a gonfie vele. Penso che sarà un 2016 favoloso.

E… l'Austria mi aspetta. ARRRIVO!

Il ricovero in Austria

Il ricovero è previsto per lunedì 21/03 alle ore 15:00. Mi presento, quasi come sempre un po' prima, perché è difficile calcolare tutto al minuto. Il viaggio, fatto in treno, è andato bene e non mi ha stancato troppo. Mio marito ed io siamo arrivati verso mezzogiorno, lui ha preso possesso della sua stanza in albergo e poi siamo andati a pranzo. Ho mangiato un cordon bleu e le patatine fritte, visto che per un po' di tempo non potrò mangiare un pasto di questo tipo, ho deciso di godermelo.

Arriviamo in clinica con un po' di anticipo, consegno le carte ed inizio l'iter burocratico. Parlo con un medico, poi ne arriva un secondo che parla italiano e traduce tutti i referti delle visite fatte in Italia. Segue la visita con i due anestesisti e questi discutono se mettere "l'allacciamento" per l'anestesia nel braccio o se sia necessario metterlo nel petto.

Fatto tutto mi mostrano la mia camera, bella, grande ed accogliente, tende allegre ed anche le lenzuola a righe colorate. Ottimo! La sera guardo un po' di TV; al momento sono ancora da sola in questa camera che ha due posti letto. Il giorno seguente non ho granché da fare. Nel pomeriggio m'informano della decisione di non "bucarmi" il petto; hanno deciso per il braccio. Ahimè, povere vene mie! Secondo l'anestesista le vene del braccio vanno bene. Meglio così!

Faccio delle camminate lungo il corridoio. Così mi sgranchisco le gambe. Non è il caso di stare sdraiata nel letto tutto il giorno già da ora. La sera ho il colloquio con il primario, il luminare del reparto di Maxillo Facciale. Parlare con lui ti apre il cuore ed è una vera gioia. Saranno lui ed il primario dell'ORL che mi opereranno giovedì. Avevo già parlato con loro in passato; persone splendide con le quali ti senti veramente al sicuro. Quasi quasi percepisco una sensazione vacanziera. Non mi ha sfiorata nemmeno una minima preoccupazione, mi sento a mio agio, dunque molto bene. Anche il personale del reparto – sono ricoverata nel reparto di Maxillo Facciale – è molto cordiale. Buon segno!

Il giorno dopo, mentre aspetto il colloquio con il primario, ovvero il professore dell'ORL, leggo un po', guardo la TV o dormo. Mi prelevano sangue per vedere quale tipo serva se fosse necessaria una trasfusione. Mi danno anche le bibite ipocaloriche alle quali mi dovrei abituare, dato che saranno una parte della nutrizione post-operatoria. Le conosco già, non mi piacciono molto, ma c'è di peggio. Sono infatti troppo dolci per i miei gusti!

Ho chiesto anche un gran favore ad entrambi, dato che sarà un intervento molto impegnativo e lungo: salutarmi di persona prima dell'intervento. Questo è diventato un rito per me e lo facevo già in Italia. Mi da sicurezza e tranquillità. Me lo promettono tutti e due e così mi sento pronta.

L'operazione ed il dopo

L'operazione prevede il trapianto di cartilagine da un orecchio per formare un nuovo "coperchio" per la laringe. Servirà a chiudermi bene le vie aree durante la deglutizione affinché il cibo non prenda la via sbagliata, andandomi in piccola parte nei polmoni. Sarebbe una cosa bellissima. Sono convinta che i due luminari faranno un ottimo lavoro.

Mi sveglio in una piccola "nicchia" di una grande sala, sono tranquilla e curiosa. Il risveglio non è come l'ultima volta, nessun attacco di panico, mi sento bene. Anche qui seguono tanti operati "freschi" e faccio fatica a chiamare

qualcuno per aspirarmi il catarro. Ohhhh, il catarro mi segue ovunque – mi è proprio fedele e non molla mai. Uffa!

Ricevo le visite del primario, di mio marito e di mio cugino, che ha partecipato passivamente all'operazione. Mi spiegano che è tutto a posto. Per dire la verità, non so nemmeno quanto sia stata sotto i ferri, e quanto dovrò stare qui in emergenza. Per fortuna non ci sto tanto in questo luogo, non mi piace particolarmente, è un po' sterile, poco accogliente e tutti hanno molta fretta. Io non ho tanto bisogno d'aiuto, solo per l'aspirazione del catarro e mi sento bene, quasi in forma. Un po' stanca sì, ma penso che questo sia più che normale e così ogni tanto schiaccio un pisolino.

Il tempo passa in fretta e mi portano in camera. Che bello! Qui sì che si respira un'altra aria. Non posso ancora parlare, ma un'infermiera mi ha portato un block notes sul quale scrivere: sul primo foglio trovo scritte le frasi più usate per chiedere assistenza. Che bella idea! Sono proprio bravi!

Di nuovo mi sento Barbara l'elefante, perché dal naso penzola la sonda per la nutrizione. Dovrò sopportarla per due settimane. L'idea non mi alletta, ma in qualche modo devo essere nutrita. Comunque è sempre meglio del sacco bianco intravenoso, che mi spacca le povere vene. Devo pesarmi spesso, perché devo riacquistare i chili persi e non dimagrire ulteriormente. Stanno molto attenti al peso; mi hanno anche aumentato le dosi giornaliere di nutrimento. Il contenuto è a mio avviso quasi la stessa sostanza delle bottigliette, almeno il gusto è quello. All'inizio lo sopporto bene, ma con il passare del tempo prima mi viene un po' di nausea e poi anche un gran bruciore di stomaco. Mi salgono le "fiamme" fino in bocca e non c'è niente per spegnere! Prendo antidolorifici e gli antibiotici che mi danno sollievo.

Il professore del Maxillo Facciale mi visita ogni giorno; scherzosamente dico che è curioso quanto me. Mi fa sempre vedere sul monitor l'andamento della guarigione. Fa anche delle foto. Si vede benissimo dove è stato trapiantato il pezzettino del mio orecchio e così anch'io capisco qualcosa. Questo è stato davvero un lavoro eccellente e di precisione.

Con la mia pettinatura non si vede neanche il mio orecchio "mutilato"; hanno fatto in modo che portare gli occhiali da lettura o da sole non sia un problema. Particolare non da sottovalutare, anche perché l'oculista mi ha consigliato di portare fuori, quando c'è il sole, gli occhiali da sole per proteggere gli occhi, considerando che ho anche un inizio di maculopatia. Hanno pensato veramente a tutto! Ora ho un orecchio come il Signor Spock della serie "Star Trek", il bottone del tracheostoma ricorda "Frankenstein". Quanto sono famosa!

All'inizio non devo parlare, poi lo posso fare un po' – questo è difficile per me che sono anche molto chiacchierona – così mi limito a bisbigliare. Ma guardo la TV, faccio le mie camminate, riposo, scrivo, gioco con il telefonino, mando SMS e le giornate passano velocemente. L'unico neo: l'infiammazione rilevata dall'esame del sangue, non vuole andarsene. Sono tanti giorni che prendo gli antibiotici ed anche gli antidolorifici. Beh, prima o poi, l'infiammazione si arrenderà. Quello che mi dà più fastidio è il bruciore di stomaco. Sarà che ho un po' di reflusso a causa di queste "pappette"? Chi lo sa! Mi fanno fare una radiografia ai polmoni per via dell'infiammazione. E cosa vedono? La sonda non è entrata abbastanza nello stomaco e quindi la dottoressa me la spinge più in dentro. Forse era questa la causa dei miei disturbi. Spero sia vero, perché se fosse così, ora non li avrei più. Poi siamo quasi alla fine delle due settimane, cioè alla fine della sonda dal naso. Non vedo l'ora.

*

Le signore nel letto accanto cambiano; nel loro caso si tratta perlopiù di problemi ai denti. All'inizio sono stata qualche giorno da sola, poi ho avuto compagnia. Anche se le mie chiacchierate erano molto limitate, ero contenta. Tutte le signore che nelle quattro settimane dividevano la camera con me erano simpatiche. Mi sono trovata bene in loro compagnia. Una è venuta a trovarmi quando è stata alla visita di controllo. Abbiamo riso tanto. Mio marito è tornato a casa due giorni dopo l'operazione. Era inutile stare qui; non poteva aiutarmi in nessun modo e aveva già avuto modo di visitare la città.

Nel reparto ho conosciuto un signore anziano di novantatré anni. Che personaggio vispo e gentile! Si rideva e scherzava ogni giorno. Arrivare a quest'età così in gamba e così lucido, sarebbe un sogno.

*

Faccio fatica a respirare. Il buco, cioè il tracheostoma, è diventato piccolo piccolo e non passa più aria a sufficienza. Mi mandano in ORL e lì, con tanta fatica, - il buco dev'essere allargato - una dottoressa mi inserisce una piccola cannula. Doloroso sì, ma almeno respiro bene. Dopo qualche giorno mi tolgono di nuovo la cannula.

Oggi sono due settimane ed io spero vivamente che mi tolgano questa sonda dal naso. Non ne posso più. Gli ultimi giorni sono stati veramente pesanti con questo continuo bruciore. Alla visita del mattino, "Santo cielo!", una catastrofe: la sonda si è piazzata sopra il pezzettino trapiantato. Anche il professore è preoccupato e non poco. Se sta lì troppo tempo, potrebbe rendere vano tutto l'operato ed il pezzettino potrebbe morire. Fattaccio! Nonostante tutto io sono e rimango positiva. Ho anche l'appuntamento in ORL. Mi accompagna il primario del reparto. Vedono di nuovo la situazione e si decide di togliere la sonda. Ma prima... il primario dell'ORL mi deve allargare di nuovo il buco. Mi vengono i sudori al solo pensiero e poi... anche per il dolore. Questa faccenda è veramente dolorosa e si spera vivamente che duri poco. Minuti che ti sembrano lunghissimi. Che fastidio: NON puoi lamentarti a voce alta, NON puoi fare un urlo, sei lì inerme, sottoposto in silenzio alla tortura. Finalmente il buco è abbastanza largo per infilarci una cannula corta che lo tiene aperto. Come "zuccherino" il professore mi toglie la sonda – e mi sento subito meglio. Spero vivamente che il trapianto non abbia sofferto troppo! Non so cosa farei se fosse stato tutto inutile… ma io sono una persona che vede sempre il bicchiere mezzo pieno e non mezzo vuoto. Non voglio deprimermi prima del tempo. Penso positivo!

Ora devo riabituarmi a mangiare. Cosa non facile, visto che il quadro nella gola è cambiato. Sono seguita da una brava e gentile logopedista che mi insegna a deglutire in modo corretto. Mi fa fare tanti esercizi, alcuni anche molto impegnativi. Comunque mi sono già abituata a fare degli esercizi; se ne aggiungono solo alcuni. Dopo qualche giorno (vengo visitata ogni giorno) il pezzettino trapiantato inizia a spellarsi. Buon segno o cattivo? C'è solo da aspettare; non si può fare nulla. Però una cosa positiva è successa: l'infiammazione è stata sconfitta. Fine degli antibiotici. Prendo ancora antidolorifici, quando è necessario.

Tutto il personale è cordiale, sa il fatto suo, è molto professionale e mi sento veramente ben seguita: si sta bene in questo reparto. Non sono solo professionalmente al top, anche sul piano umano non c'è niente da dire. Non mi posso veramente lamentare di nulla. Scambiamo qualche parola, si ride e si scherza. Cosa si può volere di più?

Continuo con le mie passeggiate, vado anche fuori, e udite udite, mi hanno messo una cyclette in camera. Che bello! Così mi tengo in forma sul serio. Ho deciso di comprarmene una anche per casa. La prova anche la compagna di stanza e così pedaliamo allegramente più volte al giorno. Il tempo passa velocemente, non mi annoio mai e tra una visita, qualche chiacchierata, il movimento, gioco (sudoku) e TV... è già sera di nuovo. Dormo benissimo e per tutta la notte. Mi sveglio una, forse due volte, ma mi riaddormento subito dopo.

Il primario mi visita ogni giorno, monitorando l'evolversi della situazione. La cartilagine trapiantata si sta spellando. Si vede benissimo. Il professore è ancora preoccupato, anche perché potrebbe diminuire di grandezza e ne parliamo spesso; quello dell'ORL invece non lo è. Per lui è più o meno una evoluzione normale. Così mentalmente mi faccio un mix delle due opinioni e sto tranquilla. Si sente benissimo che c'è qualcosa di più in gola. È proprio una sensazione fisica. Si sente che c'è qualcosa in più e io la tengo "sotto controllo", cioè quando deglutisco anche se si tratta solo della saliva la sento presente.

*

La deglutizione della saliva ed altro non è ancora automatica – se mi dimentico me ne fuoriesce dal buco o mi fa solletico in gola, di conseguenza mi provoca una forte tosse. Di notte funziona automaticamente, forse perché sono tranquilla e rilassata. Durante il giorno devo ancora trovare la posizione giusta, cosa non facile. Mi sono di grande aiuto la logopedista e gli esercizi che mi dà. Il cibo – tutto frullato e vario – viene presentato in maniera molto carina

e mi invoglia a mangiare.

La porzione poi è degna di saziare un camionista! Mi alleno anche con il bere, la qual cosa risulta più ardua da sempre. Ma è già migliorata un po' e mi dà buone prospettive per il futuro. Sento che pian pianino riesco ad acquisire più dimestichezza e sicurezza. Devo reimparare tutto! Di automatico non c'è niente! Mangio molto lentamente: mi fermo inizialmente dopo tre, quattro cucchiaiate, poi riesco ad allungare i tempi. È un impegno costante ed una questione di concentrazione: devo pensare alla posizione, al movimento, a masticare bene nonostante sia frullato. All'inizio mi va storto abbastanza spesso, di solito quando mi perdo in pensieri che non hanno niente a che fare con il cibo, se alzo la testa... in poche parole, quando ho la testa altrove. L'unica via di successo è l'attenzione e l'impegno. Ma... IO ce la faccio! Ne sono convinta.

*

Il trapianto si spella sempre di più, la pelle che si inizia a staccare mi fa solletico in gola. Mi controllano ogni giorno. Anche il peso viene sempre controllato. È importante per la guarigione. Io sono contenta di aver perso qualche chiletto, perché in prospettiva dell'operazione mi sono data alla pazza gioia e mangiavo di tutto e di più. Mi riempivo di leccornie di ogni tipo, ben sapendo che dopo non sarebbe stato possibile mangiare di tutto per un po' di tempo. Adesso ho il mio peso forma, cioè quello che mi fa stare benissimo; un pochettino di ciccia alla mia età va anche bene, per via delle rughe, della osteoporosi ecc. Già... tutte le scuse vanno bene!

Dopo un mese di ricovero mi danno il permesso di tornare a casa. Al momento si deve solo aspettare cosa succederà. Adesso riesco a mangiare di tutto, anche se ancora frullato; basta farlo con calma e concentrazione. Il tempo è letteralmente volato; non mi è sembrato lungo, perché sono stata volentieri in questo reparto.

Prima di tornare a casa vengo visitata dal professore dell'ORL e questo mi fa fare anche una registrazione della deglutizione. Cosa non facile, come si pensa, devo tener conto di dover tenere la testa in una certa posizione e in questo mi disturba assai la sonda utilizzata per esplorare la deglutizione. La soluzione cremosa va giù bene, ma di quella liquida un po' va storto, non solo per la posizione della testa, ma anche per la stanchezza. Pazienza! Ce l'ho messa tutta. Cercherò di migliorare in seguito. Speriamo!

Parto per tornare a casa, sapendo che avrò il primo controllo due settimane dopo. Prendo tutto in relax e con calma. Mangiare e bere migliora lentamente, ma costantemente. Mi va storto più di rado e riesco mangiare porzioni quasi normali. Certamente devo fare ancora delle piccole pause, ma mi sento più sicura. Bene, no?

Un'altra cosa meravigliosa è successa dopo l'intervento: la mia voce è migliorata tantissimo e non è più così piatta. Risulta più forte e quasi quasi potrei urlare! Ho anche acquisito qualche tono in più. Che bello! Sono le piccole conquiste che ti fanno vivere meglio e ti riempiono di gioia.

La domenica della settimana prima della visita di controllo di maggio, non mi va niente bene: la pelle (presumo) si muove tanto, mi blocca le vie aeree, mi viene da tossire, mi fa solletico; insomma mi dà un tale disturbo che mi verrebbe voglia di andare giù per la gola a grattarmi. Proprio una sensazione schifosa! Passo la notte tranquillamente e lunedì mattina a colazione ad un tratto il disturbo se n'era andato. Penso di aver inghiottito la pelle penzolante! Poi ci penso: "E se era il pezzettino trapiantato?" Sudori! Sul momento mi viene quasi panico, poi mi concentro e provo a deglutire. Se il pezzettino c'è ancora lo sentirò. Inizio a deglutire, stando molto attenta a tutte le sensazioni. Ahhh, che sollievo! Lo sento bene nella gola. È ANCORA LÌ! Vedremo come sarà il prossimo lunedì. Sono curiosissima ed anche un pochettino preoccupata. Beh, ho inghiottito un po' di proteine nobili (dicono faccia bene ai polmoni), per di più proteine proprie! E poi una settimana passa velocemente!

Alla visita di controllo arrivo preoccupata; un po' lo è anche il professore, visto che il pezzo si è spellato. Sì, è un po' più piccolo, ma è ancora lì. Parliamo dell'andamento della guarigione. Ora posso già mangiare cose morbide e frullare le altre, come mele, carne, ecc… Io sono contenta, perché mi va già molto meglio. Mi sporco di meno, spesso mi fuoriesce solo perché non sono abbastanza cauta. In ogni caso valeva la pena fare l'operazione; già da ora mi sento più libera e più "normale". Il prossimo controllo sarà tra circa due mesi e mi visiteranno entrambi i professori. Torno a casa contenta, anche se persiste ancora qualche dolorino, sia nella gola che all'orecchio. La cosa strana, almeno non ci avrei pensato, è che mi fa male l'orecchio. Mi duole ancora un po' se lo tocco.

Adesso sì che la vita inizia di nuovo a sorridermi a trentadue denti! Esco con le amiche e non mi va storto nemmeno il cappuccino; il caffè è per me una delle cose più difficili da inghiottire. Non devo più sentirmi a disagio, come nel passato, sentendo correre giù per il petto i liquidi. Rimane asciutto, basta che io non parli quando mangio e tenga la posizione giusta. Proprio un'ottima cosa!

Passo i due mesi tranquilla allenandomi e torno anche al lavoro. Ho la sensazione che tutto proceda bene. Devo solo ricordarmi di inghiottire la saliva – non funziona ancora automaticamente.

Partecipo anche alla festa dei "45 anni dopo" (la maturità). È stato bello rivedere i compagni di classe dopo tanto tempo. Sono proprio contenta di aver partecipato. Sì, è stato un po' faticoso, ma ne è veramente valsa la pena. Mangio, bevo, chiacchiero e mi diverto un sacco. Non posso stare anche la sera, visto che devo tornare in Italia nello stesso giorno. Parto due giorni dopo per la visita di controllo. È da tanto tempo che non mi sentivo così libera.

Per la visita di controllo parto due giorni prima; mi accompagna la mia amica Laura e noi due perlustriamo la città, ridendo e scherzando. Visitiamo il centro storico, qualche museo, il castello ecc. Mangiamo piatti tradizionali del posto e ci divertiamo. Certo, è un po' impegnativo per me, tenendo conto che ho partecipato alla festa, ho viaggiato parecchio in macchina e per ultimo anche il viaggio in treno, ma... posso riposarmi in seguito. Nonostante le "fatiche" mangio e bevo bene; quasi perfetto. La mia amica poi sa che non parlo quando mangio, mi lascia tranquilla. Tante persone non ci pensano, ti chiedono qualcosa o ti dicono "non rispondermi ora", ma nella tua gola si prepara già la risposta e... il disagio inizia... Andare per traverso o diventare nervoso è tutt'uno. Anche se mi emoziono sento qualcosa in gola che mi blocca, produco moltissima saliva che devo deglutire immediatamente. Ma perché; come mai? Questo lo devo chiedere ad ogni costo alla prossima visita. Sarà il cosiddetto "nodo alla gola"?

Alla seconda visita di controllo i professori vedono che il lembo trapiantato è diminuito un po'. Mi chiedono come va e io riferisco che sono circa all'80%. Notano anche che il trapianto è un po' storto, cioè non si appoggia dritto dritto. Si decide di fare una terza visita di controllo a settembre. Comunque la situazione è molto migliorata se si confronta con la situazione prima dell'intervento ed io sono felice e contenta.

Un po' mi tormentano il raffreddore costante ed il catarro. Quest'ultimo ogni tanto mi disturba assai durante la deglutizione. Ho preso anche delle medicine omeopatiche, visto che di quelle tradizionali mi sono già fatta una "scorpacciata", ma non mi hanno dato gran miglioramento. Il tempo, dal canto suo, non mi aiuta di certo: si passa da 30°

C ed oltre durante il giorno a 10° C la mattina. Essendo un po' delicata da questo lato non mi faccio mancare proprio nulla. Va beh, c'è di peggio!

Domenica scorsa ho fatto veramente il collaudo alla mia "nuova" laringe: sono stata invitata ad una festa. Tra una chiacchierata e l'altra, ho divorato (non posso dire mangiato) con gusto tre fette di salame e tre piccole fette di formaggio, un po' di pane ed una fetta grigliata di pancetta per antipasto; una piccola pausa, un po' d'acqua e poi la grigliata: una bistecca, una salsiccia ed una costola e, come contorno, peperoni, cipolla, zucchine (tutto grigliato), innaffiato con mezzo litro d'acqua. Per concludere, dopo una pausa più lunga quattro pezzettini di dolce, sempre accompagnato con acqua minerale. Alcolici non ne bevo, roba gasata nemmeno; le bollicine mi fanno solletico nella gola e l'alcol lo devo diluire tantissimo. L'unica cosa che uso per fare "cin-cin" è un sorso di birra. Non mi è andato storto nulla e sono tornata a casa soddisfatta per il collaudo e contentissima per la bella giornata passata con gli amici.

Adesso attendo la visita di controllo. Nella mia testa frulla già un'altra idea! Chissà se si potrebbe fare qualcosa di non troppo invasivo per il respiro? Allora sarei al top! Naturalmente non ora, ma magari tra un anno…

FINE… O FORSE NO.

ALCUNE RIFLESSIONI

Dalla scoperta del tumore ad oggi sono passati sei anni ed il tempo è letteralmente volato. Dall'inizio fino ad ora ho sempre preso nota di tutti gli eventi; ogni episodio che per me era importante me lo sono scritto. Questo racconto è frutto del mio vissuto, ho messo giù le parole come mi sentivo, come ho realmente vissuto questa "avventura", i miei pensieri, di ieri e di oggi. Ho tenuto una specie di diario, che mi ha aiutato molto. Mi ha fatto capire meglio come sono in realtà.

Tanta gente mi dice che sono una donna forte, una donna grintosa, ecc. Ma credetemi, ogni tanto mi perdo in un bicchiere d'acqua. In particolare per le cose di poco conto. Quando mi è accaduto il fattaccio e ho scoperto che la belva aveva già allungato i suoi tentacoli in alcune zone limitrofe, per un attimo anch'io mi sono sentita smarrita. Ma poi l'istinto di sopravvivenza ha avuto subito la meglio e con mente lucida mi sono detta: "Se battaglia deve esserci, avanti! Combatterò con tutto ciò che ho a mia disposizione: tutte le cure disponibili sia per il corpo, che per la psiche!".

La cosa forse più importante è riuscire a far venire fuori la forza, la determinazione ed il coraggio, imparando a vedere il bicchiere mezzo pieno e non mezzo vuoto. Non si dovrebbe pensare mai: "Perché proprio a me? Perché sono così sfortunato?"

Non serve a nulla e costa solo energia. Si deve guardare avanti. Anche nelle cose più brutte c'è sempre qualche cosa di positivo! Certi eventi insegnano solo a vivere con una maggiore consapevolezza ed intensità, a farti sentire più viva.

Ho riflettuto a lungo su tutti gli avvenimenti che in questi ultimi tempi mi sono piombati addosso in un baleno. Oggi, quando mi affliggono pensieri negativi, per fortuna rarissime volte, mi fermo un attimo e penso: "Perché farmi problemi e preoccuparmi già adesso che non ne ho?" Non è meglio investire le energie in pensieri positivi e costruttivi, piuttosto che piangersi addosso? Farlo non serve proprio a nulla, anzi... peggiora solo la situazione e ti svuota dentro! Bisogna guardare avanti con fiducia e serenità, vivendo consapevolmente ed in armonia con il proprio corpo, ascoltandolo ed assecondandolo.

Io ho iniziato anche a camminare ogni giorno, non per chissà quanti chilometri... ma uno o due alla volta... i miei "mille passi"! In più, pratico anche un tipo di ginnastica rilassante ogni volta che mi serve.

Il lavoro mi piace e mi soddisfa; cerco di limitare lo stress; in famiglia tutto va secondo il suo solito tran-tran... Cosa posso volere di più? Mi godo le piccole cose, e... rido e mi diverto molto di più!

Non so se ho sconfitto il tumore; al momento non c'è più e questo mi basta per essere positiva e fiduciosa. Il buon Dio mi ha dato una seconda chance e la voglio vivere al meglio. Faccio come mi ha detto la psicologa: "Quello che è stato è stato, non si può cambiare, si deve sempre pensare DA ADESSO IN POI!"

Le cose che mi hanno aiutato molto e penso che possono servire anche ad altri:

- Io ho avuto sempre **l'incondizionata fiducia nell'equipe medica** che mi ha seguita per tutto questo tempo. Se non c'è fiducia, è meglio cambiare.
- **L'importanza dei colloqui con i medici**, del tempo necessario per spiegare le cose in modo che tu capisca, che tu possa chiedere tutto quello che ti frulla per la testa. Devono riuscire ad infonderti la sensazione di avere tutto il tempo che vuoi (per la verità hanno il tempo assai limitato – circa quindici minuti per paziente).
- Devono indurti a fare domande, a parlare.
- Mi hanno sempre dato **spiegazioni semplici** e comprensibili: senza troppi paroloni incomprensibili, ma in modo che anche una come me, che non s'in-

tende di medicina, riesca a comprendere il suo percorso.

- Mi hanno detto **tutta la verità sulla situazione difficile e grave** in cui mi trovavo in modo che, senza dirlo esplicitamente, trapelava **speranza** e la sensazione di potercela fare.

- Oltre alla **grande competenza professionale** hanno avuto molta **pazienza** ed una enorme porzione di **umanità**. Mi sono sempre sentita una persona e non un numero.

- Mi sono trovata davanti del personale infermieristico e degli OSS di grande capacità, sia professionale che umana, di una pazienza senza fine. Scusate il gioco di parole, ma noi pazienti non siamo sempre pazienti. Dovremmo pensarci ogni tanto. Non seguono solo una persona!

- Se il personale non si ricorda, cosa che può sicuramente accadere per il tanto lavoro, **si deve chiedere**. Ho chiesto quali **servizi** vengono **offerti dall'ospedale o dall'AAS**. Sono stata seguita dalla dietologa, dalla logopedista, dalla psicologa e ho fatto anche un ciclo di fisioterapia.. Si deve usufruire di tutto ciò che può migliorare la qualità della propria vita.

- Non si deve vedere l'ospedale come una punizione divina, ma come un luogo che ti offre un futuro, che ti può dare sollievo, che ti cura e/o ti aiuta ad andare avanti. L'esperienza del ricovero in ospedale è necessario che venga vissuta come una simbiosi fra pazienti e medici... in cui l'obiettivo finale di entrambi è il sollievo e la guarigione, non dimenticando mai che dietro entrambe le figure ci sono sempre e comunque degli esseri umani, con i loro pregi e difetti.

- Per chi ti sta attorno vorrei dare un piccolo suggerimento. Se chiedete: "Come stai?" e la risposta è:

“Bene!” per cortesia, evitate di aggiungere con voce bassa ed espressione pietosa: “Abbastanza?”. Se la risposta è: “Sto bene”, significa che si sta bene. Ad una persona apparentemente sana non lo direste mai. Ricordatevelo!

RINGRAZIAMENTI

Voglio ringraziare tutto il personale medico, il personale infermieristico ed il personale OSS dei reparti dell'ORL e del Maxillo facciale degli ospedali in cui sono stata che, curandomi in modo professionale ed umano, seguendomi in maniera esemplare, con grande disponibilità e senza mai far mancare il buonumore, hanno in un certo senso saputo ridarmi la vita. GRAZIE! Mi sento proprio rinata!

A Laura, Marita e Flavia, amiche e prezioso aiuto nella realizzazione di questo libro, un grazie di tutto cuore.

Un ringraziamento speciale a mio marito, che mi è stato vicino in questa avventura ed, in particolar modo, a mio figlio Roger che è stato il mio primo lettore e "consulente".

Un particolare ringraziamento alla psicologa che mi ha consigliato e motivato alla scrittura di questo libro, dandomi utili consigli per la sua realizzazione.

Grazie anche a tutte le persone che, a vario titolo ed in varie occasioni, mi sono state vicine in questo periodo.

A voi tutti, GRAZIE.

Barbara.

INDICE

Prefazione 7

Introduzione 9

Percorso della patologia - La cura

Dal medico di famiglia 12

L'attesa della visita 13

Il giorno della visita 14

...E così inizia l'avventura...

La seconda visita e tutte le altre 16

Le vacanze di Natale 18

La scoperta o meglio "la certezza" 20

Il ricovero e l'operazione 24

Il "dopo" 27

La permanenza nel reparto dell'orl 29

Si inizia a mangiare 38

Una giornata no 43

La partenza per casa 54

Di nuovo a casa 55

La radioterapia 56

Di nuovo al lavoro 58

Il periodo degli interventi laser

Il primo intervento laser 60

Ed ecco – l'intervento laser numero due 65

Il terzo intervento laser – in trasferta 72

Qualche giorno di smarrimento 77

La mia voce 81

Il mio fisico 83

Il tempo è passato ed è ora di fare l'intervento laser
numero 4 88

Sentimenti 91

La logopedia 96

Per il momento l'ultimo: intervento laser numero 5 100

L'inizio di una nuova storia

L'esperienza "Austria" comincia 106

L'avventura milanese 113

Le visite in una clinica universitaria all'estero 117

Il ricovero in Austria 122

L'operazione ed il dopo 124

Alcune riflessioni 135

Ringraziamenti 141

Finito di stampare nel mese di Giugno 2017
per conto di Youcanprint *Self-Publishing*